DarkSlide Press, Miami 2016
ISBN 978-1-942180-03-6

ПРЕДИСЛОВИЕ

Эта книжка составлена мной как сборник песен, которые я пою или пел в течение своей теперь уже довольно долгой жизни, и назначение у неё сугубо утилитарное – служить справочником и подсказкой в тех нечастых случаях, когда я беру в руки гитару. Поскольку пою я теперь не каждый день и порой даже не каждый месяц, я включил в книгу как свои стихи, так и тексты песен на стихи любимых поэтов, которые я пою и не хотел бы позабыть.

Пользуясь случаем, расскажу о том времени, когда я только начинал свой извилистый путь "поэта-песенника" (в кавычках, так как ни тем, ни другим я по сути не являюсь, не стал, не удалось, да и не жалко вовсе – каждому своё как говорится).

Итак, я помню себя в нежном возрасте, в конце 50-х, когда мне было всего лишь два-три года. Семья наша жила в старинном деревянном доме с мезонином, занимая большую его часть. Музыка и песни вливались в дом из нескольких источников.

Во-первых, в доме было несколько так называемых "радио" – радиоточек проводной трансляции. Их громкоговорители всегда исторгали громкое татарское пение под аккомпанимент татарской же пятитональной гармошки, так называемой "биш-планки".

Настраивала на татарскую программу и выставляла громкость моя бабушка Магинур, по национальности татарка. Я бабушку любил нежной детской любовью, но пение это мне не очень нравилось, воспринималось как надоедливый шум, хотя в детстве я немного говорил и понимал по-татарски. Так что я, когда стал постарше и смог дотянуться, радио выключал; бабушка же немедленно замолкшую радиоточку включала и по дому снова разливалось визгливое:

> "Билгесез Халык сүзләре
> Бас, кызым, Әпипә,
> Син басмасаң, мин басам
> Синең баскан эзләреңә
> Мин дә китереп басам…"

Другим источником песен был отец. Отец любил и умел петь, в основном это были песни о море, так как он прослужил 7 лет на флоте, на Севере, начав юнгой и закончив службу матросом. Он с воодушевлением исполнял эти песни на вечеринках, когда в нашем доме собирались знакомые и друзья. Как сейчас вижу его, молодого, стоящего за столом – отец обычно пел стоя, слышу его уверенный сильный голос:

> "Прощайте, скалистые горы!
> Отчизна на подвиг зовёт.
> Мы вышли в открытое море,
> В суровый и дальний поход…"

Гости слушали и подпевали. Я присутствовал на этих вечерах, сидя на чьих-нибудь коленях, и вскорости понял, что пение является в этом мире занятием социально одобряемым, и тоже стал подпевать. По малости лет я путал слова, и вместо:

“Голова повязана,
  Кровь на рукаве...” (“Песня о Щорсе”)

пел: “Голова отвязана
          Кони в рукаве...”

Собравшимся нравился смешной тест, меня ставили на стол и требовали повторения, хлопали. Я смущался, но пел. Таковы были мои первые публичные выступления.

Ещё одним очень ранним впечатлением было пение людей на улицах. Мы жили на городской окраине, вдали от единственного тогда в городке кинотетра “Ударник” и танцплощадки в городском саду; одним из популярных народных развлечений было гуляние по улицам с пением самых разнообразных песен. Впоследствии я вспоминал это в стихотворении:

Елабуга, снега...
звук приглушенный:
где-то на улице лают собаки,
песни поют далеко.
Выйди во двор,
воздух ночной,
с привкусом дыма
почувствуй.
В небе холодном
морозные звезды дрожат
и отрешенно сияет луна,
иней искрится и падает тихо...
Как заклинание, снова:
снег и Елабуга.
Старого дерева цвет золотистый
утром в гостинной радостью чистой,
снежным узором окна горят.
Хлопнули дверью – и пар
оседает клубами,
я просыпаюсь.
Солнце портрет на стене освещает:
мальчик из лет довоенных
грустно глядит,
будто бы мимо меня.

Музыка также прорывалась ко мне во время различных празднеств и демонстраций, регулярно случавшихся в то время; музыкальный шум, производимый духовыми оркестрами, так мне нравился, что достигнув пионерского возраста, я стал ходить в дом Пионеров, научился там кое-как играть на трубе и стал выступать в составе маленького мальчишеского духового оркестра. Я вспоминаю это время в песне "Осенний оркестр":

"...Ах, труба, боевой инструмент!
Ты сродни топору и пищали.
Пела туба и флейты пищали, –
наступал подходящий момент.

И тогда, поднимая глаза
в небо легкой осенней работы,
брал я самые верхние ноты, –
так уже не играть никогда!

Ранней осенью, ветренным днем,
обжигая усталостью губы
пели в небо холодное трубы
вдохновенным огнем."

Когда мне исполнилось 6 лет, родители приобрели пианино и отдали меня в 7-летнюю музыкальную школу по классу фортепиано. В школе я послушно проучился почти все положенные семь лет, так и не научившись хорошо играть, и школу бросил, не окончив, совершенно потеряв интерес к тому, что в ней преподавалось. Правда, я научился легко подбирать различные песенные мелодии и стал сопровождать пение отца простеньким аккомпаниментом, и сам начал немного петь, аккомпанируя себе на пианино. Я был уже подростком, мне было 13 или 14 лет, и к этому времени относятся мои первые попытки написания своих песен. Я помню слова и мелодию одной из своих первых песен, на стихи Леонида Латынина:

"Пересекли дорогу птицы,
Но я ли стану горевать!
Легко рождаются зарницы,
Легко им будет умирать..."

Отец подтрунивал надо мной, напевая:

"Пересекли дорогу птицы,
А нам на это наплевать!"

Помню и другие свои песенки того времени, хотя в них было мало интересного и я это вскоре осознал и с тех давних пор их не пел.

Тут надо сказать, что моим главным увлечением в детстве и юности было чтение. Читать я начал рано, читал много, бессистемно, всё подряд. Мои мать и бабушка преподавали филологические дисциплины в местном учительском институте, библиотека русской классической литературы у нас в доме была большая, и я её всю вскоре прочитал. Мама любила вспоминать, как она спросила меня, маленького, читал ли я Плеханова. Я ответил что да, читал.

– "Ну и как тебе Плеханов?"
– "Скучно!"

Со стихами у меня отношения в детстве складывались странные, примерно как с Плехановым: "прочитал, скучно". Конечно, я любил стихотворные сказки, любил Пушкина, но далее этого не шло. Только в отрочестве какие-то стихотворные строки в знакомых книгах вдруг засияли незнакомым светом и я почувствовал в них силу и прелесть, и тут же начал экспериментировать со стихосложением. С тех пор осталась у меня одна песенка, посвященная моим дядьям Уку и Эмету, погибшим на войне: "Рванули взрывы на заре...". Эта песенка есть в книге, она мне дорога тем, что была первой из сочинённых на свои стихи. Конечно, я сейчас очень далёк от того мальчика, который слагал тогда свои первые строки, да и смысл этой песни от меня теперь ускользает, но она дорога мне как память о том времени, и о себе – тогдашнем.

Маленький городок Елабуга, в котором прошло моё детство и часть юности, расположен недалеко от Казани, столицы Татарстана, но дорог хороших тогда не было, Казань и Елабугу соединял полуразрушенный тракт, построенный ещё при царе, и изоляция чувствовалась во всём, и в частности, скажем так, в области городской песенной культуры. Современный городской романс, песни Окуджавы, Анчарова, Галича, других популярных в больших городах авторов, до маленького райцентра не добирались. Правда, я с детства помню и пою песенку Новеллы Матвеевой "Развесёлые цыгане" – её мне в начале 60-х пела мама, помню родители пели "Бригантину" на стихи Павла Когана, помню пару песен Александра Галича, услышанных от знакомых мальчишек, но этим всё и заканчивалось.

В конце 60-х или начале 70-х я увлёкся радиолюбительством, стал самостоятельно собирать радиоприёмники на лампах и слушать местных "бородавочников" – таких же мальчишек, выходящих в эфир на самодельных передатчиках. Помню, что когда я собрал свой первый, очень простой детекторный приёмник, и начал прослушивать эфир, вдруг с удивлением поймал передачу "Голос Америки", транслировавшей песню группы "Роллинг Стоунс". Пораженный, я дослушал песню до конца и тут услышал голос диктора-бородавочника. Оказалось, что это кто-то из местных мальчишек записал передачу на магнитофон и транслировал запись в местный эфир. Именно в подобных мальчишеских передачах я впервые услышал во множестве песни под гитару, популярные в то время, и понял, что это именно то, что мне хотелось бы делать самому: петь, сочинять, снова петь.

В доме была фанерная семиструнная гитара, её как-то купил отец, но играть он не умел, знал только 2-3 аккорда, которые мне и показал. Я нашел книгу-самоучитель игры на шестиструнной гитаре, снял одну струну, и начал изучать инструмент самостоятельно. Заняло у меня это очень много времени, но ко времени поступления в Казанский университет я уже худо-бедно играл и аккомпанировал.

В университете культурная жизнь кипела, был клуб самодеятельной песни, клуб любителей поэзии, проводились концерты, творческие вечера, и эта деятельность надолго стала моим главным увлечением, сухой остаток которого в виде песен и стихов, ставших песнями, и представлен в этой книге.

Майами, 9 Мая 2016 года

ЭМИР ШАБАШВИЛИ

СТИХИ И ПЕСНИ

И вновь смыкаются круги…

И вновь смыкаются круги
в свистящем шепоте асфальта.
Вальсок старинный, помоги
прощальной исповеди альта!

Я покидаю вас, пора.
Идет зима, и я не спорю, –
ветра, холодные ветра
берут разбег над дальним морем.

Ну а пока они идут
холодной поступью безбрежной, –
живи, мой призрачный уют,
такси гремящая железка.

Смыкай виток, виолончель,
гори, приемник, желтой шкалкой,
бесчинствуй в памяти, апрель
мне ничего уже не жалко.

Вставай, зеленая заря,
и возвращайся, возвращайся, –
хрипящий голос октября,
захлестнутый петлею вальса.

1980

Сверкает в ночи уголек светофора...

С.К.

Сверкает в ночи уголек светофора
и скоро
такси пробегает как курица
в дымный восход.
А где-то в безмолвии гулком
молчащие горы
и метеоритами брызжет
сияющий свод.
Предзимние ночи, пора
ожидания снега.
Тоски половодье, огонь,
не дающий тепла.
А где-то поет голубая
холодная Вега
и ветер кострам распускает
косые крыла.
А ты все глядишь на дома
и дымы и машины,
и ночь обгорает, и поза страдальца —
смешна,
и звезды горят, и хранят
свои тайны вершины,
и в час предрассветный
стоит над землей — тишина.

1981

Осенний оркестр

Я когда-то в оркестре ходил
и на площади утренней, голой
в "Марше летчиков" верхнее соло
без запиночки выводил.

Ах, труба, боевой инструмент!
Ты сродни топору и пищали.
Пела туба и флейты пищали, –
наступал подходящий момент.

И тогда, поднимая глаза
в небо легкой осенней работы,
брал я самые верхние ноты, –
так уже не играть никогда!

Ранней осенью, ветренным днем,
обжигая усталостью губы
пели в небо холодное трубы
вдохновенным огнем.

1977

Зелёные фуражки

Эмику Валееву

Рванули взрывы на заре.
Они ложились слишком густо.
Но в Перемышле и под Руссой
мы по чужой прошли земле.
И там растаяли во мгле,
погибли все, погибли все…

В атаке бешеной упал я,
обнявши голову руками.
Я никогда не отступал,
я свою землю отстоял,
а вы – потом – не удержали,
и, может, ты не устоял.

Вы знали все – и стынь Москвы,
и севастопольские гари,
но вы с победою прошли,
и вновь счастливыми вы стали,
а мы – мы только умирали,
в полях цветами поросли.

Опять светлеет небосвод,
туман редеет над могилой,
и как тогда встает рассвет.
Конечно, вы счастливей нас!
А может – нет, а может – нет …

1973

Прощание с Университетом

Вечер мокрый, снег летящий,
синий сумрак, свет слепящий,
белые круги метельных улиц.
Там вдали, за поворотом
все идет навстречу кто-то
за метелью не видать лица...

Старой лестницы пролеты,
старых улиц повороты,
ясная трамвайная звезда.
Свет ее прощальный, нежный,
несказанный, безнадежный,
милые усталые глаза.

Ты вглядись, вглядись сквозь годы,
сквозь метельные разводы, —
неужели это были мы!
Ты припомни, друг старинный
ветер мокрый, вечер длинный,
снег летящий посреди зимы.

Эти годы, эти встречи
за окном листает вечер,
и забыть уже не суждено —
в синий сумрак, в свет слепящий
чей-то контур уходящий,
в темноту горящее окно.

1978

Осень, китайская живопись...

Осень.
Китайская живопись,
Шелк звенящий.
В худой руке
Крепко зажав
Тонкую кисть
Седой китаец
Тончайшую ветку выводит
На фоне гаснущего неба
И улыбаясь, смотрит
Как
Медленно
Сохнет
Тушь.

1976

Восточная миниатюра

Под густо синеющим небом,
на красной кирпичной земле,
сидят бородатые люди,
и дерево рядом цветет.

А небо все гуще, синее.
А речи все жарче, цветистей.
И в узких глазах отражаясь,
горит молодая луна.

И пахнет навозом и пылью,
и воздух стоит без движенья,
и грустно верблюды кивают,
заранее все понимают.

1984

Камень

Я – камень в основаньи пирамиды.
Нарушишь мой покой –
вся глыба дрогнет с грохотом
и станет не такой,
какой создал ее строитель пирамиды.
Ты видишь четкость линий и полет
геометрических фантазий древних?
Знай, что я,
упершись основанием в скалу,
придавленный тысячетонной массой
держу все то,
что люди называют красотой.

1981

Тукай

В газете увидал Тукаевский портрет –
к столетию со дня:
мальчишеский, беспомощный... одет
во что-то новое. Столетия со дна,
в прореху времени –
нечеткая печать,
да глаз не скрыть –
сиротская закалка.
Ни сила не дана, ни стать –
....
попробуй встать
под темный взгляд его, –
слепой, угрюмый, жалкий.

1985

Магинур. 1914.

Мне и не верится – полно,
да было ли это!
Девушка юная с именем
лунного света.
Ночью степною,под вздохи
коней за спиной
угли костра отражаются
над головой.

Утро – сухая трава
под колеса струится,
сопки седые, гроза
в отдаленьи пылится.
Коршун кружится и падает,
время течет.
Короток сон, папино
нежно плечо.

Век начинается, жизнь
продолжается, тает
У горизонта маленький
всадник мелькает
Только раскатом
войны роковой
в небе заката
облачный бой.

1976

Про Ермака

В.Мовчаренко

Он в книжку глядит,
он бешено глазом косит,
усы тербит,
сопит.

А в книжке дышат степные шумы,
дымят остяцкие острые чумы,
летят стрелы Кучума,
свистят.

Ты бит и калечен, ломан судьбой,
в окошке свечкой сентябрь золотой.
А ну, не пора ли разбойничью рать
собирать?

Все-таки жаль — время ушло,
в избе беленой свежо и светло.
Кот ходит. Половицы скрипят.
....
Кони ржут. Костры горят.
Татарские стрелы летят.
Свистят.

1981

Ночной ветер

Кружится, кружится ветер в кварталах,
ветер полночный из-за углов
мокрые тени швыряет устало
на озаренные стены домов.

Кружится, кружится вальс полуночный,
черный рояль, на пюпитре – луна,
белая клавиша – белая лампа,
светом слепящим сияет она.

Белые клавиши, ртутные лампы
по переулкам слепят глаза,
черные клавиши – черные "Волги",
на перекрестках свистят тормоза.

Час пятдесят, остановка трамвая,
ждать бесполезно, смолкает, и вновь, –
Это вступление,
это начало,
это прелюдия,
это любовь!

1976

Улица твоя как дно морское...

Улица твоя как дно морское.
Там, в ущельях улицы твоей
так на рыб всплывающих похожи
пузыри горящих фонарей.

Поздний дождь ущелья наполняет,
не смолкает плещущий мотив,
у твоих окон прибой вскипает,
в водоросли ветви обратив.

Позабуду, уплыву далеко,
и однажды в этом далеке
задышу натужно и глубоко, —
так, как рыба дышит на песке.

1977

Осенняя цыганочка

Ночь проклятая прошла, –
окна просветлели.
Эх осень – дикая пора,
на сердце метели.
Что-то поздно рассвело,
в белой дымке город,
ветер машет помелом –
день наступит скоро.

Мокрый полдень, белый дым,
сумерки седые.
Знаком ночи в небесах –
вороны худые.
Капли мелкие несёт,
гонит сумрак ветер.
Только вечер и спасёт,
поскорей бы вечер!

Вечер пепельный – раскинь
крылья расписные.
Над мостом огни зажги,
златые, голубые.
Унеси ненастье прочь,
спрячь в груди бездонной!
Ах, скорей, скорей бы ночь,
где ты, моя бессоница!

Жизнь моя, такси в кино,
бездорожьем мчится.
Полдень, полночь, всё одно –
Не остановиться.
Утро, вечер, сутки прочь.
Старая картина.
Утро, вечер, день ли, ночь, –
всё теперь едино!

1979

Улица Тельмана

На улице старой, где мама жила
осенним пожаром горят купола.
Листвы облетевшей сухи вороха
И улица Тельмана дремлет, тиха.

Пройдем же опять коридором чудес
от храма обкома до храма небес,
до хладного ветра у бледной воды,
где бедная память теряет следы.

1978

Песенный вариант:

На улице старой, где мама жила
осенним пожаром горят купола.
Листвы облетевшей сухи вороха,
и улица Тельмана дремлет, тиха.

А помнишь, как страхом бывали полны
твои золотые пустые дворы?
И как уводили – конвоем, во мглу,
Как тополь-ребёнок дрожал на углу?

Мы – листья на дереве вечном твоём,
короткие, грустные песни поём,
ему – вырастать, зеленеть, шелестеть,
нам – с веток срываться и в полночь лететь.

Останется память о жизни твоей
в движении тайном ветвей и корней,
в том коконе света над спящим двором,
укрытым листвы шелестящим ковром.

Пройдем же опять коридором чудес
от храма обкома до храма небес,
до хладного ветра у бледной воды,
где бедная память теряет следы.

1980

Время осенней приборки

Это время осенней приборки – оно наступает.
Ночью ветер из города сор и труху выметает,
наполняя предместья шуршащей бумагой сухою,
он играет на всем, что найдет под рукою.

Вот уже в темноте засипели балконов свирели,
а за ними балконных дверей окарины и дудки,
а когда мы двенадцать с Москвою сверяли,
загундосило длинною, ровной погудкой.

Время микротрагедий, отрыва листов предпоследних.
Мини-арктика в спальнях, сквозняки разгулялись в передних.
Макро – только лишь ветер, трясущий оконные рамы,
заглушающий мощной трубою все мелкие драмы,

Все печали прошедшие – поздно, уже отзвучали.
Ночью ветер огромный с решительностью отчаяния
расчищает пространства огромные для наступленья
бесконечной, беспечной любви,
безнадежной последней любви,
и метели холодного пения.

1981

Лычаковское кладбище

Лычаковское кладбище Львова...
тяжкий сумрак в щели склеповой,
в обрамлении дня золотого,
вырезного, сквозного, святого,
шелестящего шумно листвой.

Суматошно дрожащие блики
на камнях, на траве, на песке.
У мадонны на каменном лике,
у младенца на полной щеке.

Изваяний причудливых лица.
То унылых, то странно-живых, —
веком прежде бы в Польше родиться,
был бы я, вероятно, средь них.

Гений сумрачный с тихим укором
душу бедную нежно б укрыл –
в камне черном, в листочке узорном,
в шуме ветра и в шорохе крыл.

Жаль, лежать мне безвестно, безвинно
в самосыровской тощей земле,
в братской яме последнего Рима,
у равнины на пыльном крыле.

Мох забвенья и вскрик узнаванья,
изменившая русло река,
и листвы ветровое камланье,
и ребенка живая щека.

1987

Озеро Долгое

Свист короткий лесной пичуги, –
мы на озере Долгом ночуем,
где в воде, недвижной и странной
отражаются звездные страны.

Тишина на озере Долгом.
Лист парит неслышно и долго,
ловит легкой ладошкой узорной
звездный свет в амальгаме озерной.

Кто же знал что от жизни недолгой
нам оставят ту встречу на Долгом,
костерок над ночною водою,
профиль юный, да плошки с едою?

Все сотрется, забудется, кроме:
звезд мигания в лиственной кроне,
редких вспышек метеоритов,
тишины в пространстве открытом, –

и вдали, за пределами зренья
перелётного ангела пения.

1980

В Германию поеду

Сергею Бальцеру

В Германию, в Германию поеду.
Три века я отсутствовал, прости, –
по белому по снегу, по черному по следу,
по пеплу что летает на пути.

Без танковых прорывов – сквозь Карпаты.
Без пополнений – за Березину,
без скатки и лопаты,
без боли и утраты –
в Германию, знакомую страну.

В Германию к любимой – боже правый!
Какой сегодня ветер на дворе!
Без следственной забавы,
ареста и расправы,
без смерти где-нибудь в Анадыре.

Поднимем же граненые стаканы
за каждый километр того пути:
за сопки Абакана
за ветер Казахстана
и за снежок полярный Воркуты!

В Германию, в Германию поеду...

1989

Песенка деду

"Я гляжу на фотокарточку..."
Б.Окуджава

Смелый взлет бровей, глаза лихие,
на эфесе смуглая рука.
Строки карандашные, сухие:
"В день десятилетья РККА",
в день десятилетия, под вечер,
свет дробится в ветках тополей,
оттепелью синей бредит ветер,
двое, уходящие в метель.
Им уже не разомкнуть объятья
и еще не задрожит рука.
Завтра у нее политзанятья,
у него — учения полка.
Послезавтра, после послезавтра,
В тридцать-самом-памятном, зимой,
в полутемной камере казармы
он напишет Сталину письмо.
Эх вы, кони рыжие, гнедые!
Смуглая, знакомая рука...
Матушкины волосы седые,
молодой, веселый комполка.

1977

KamaRiverNet

Выпьем за сеть 5050,
пока модемы ее висят,
пока над морем темного льда
безнадежно гудят провода.

За черный ветер в ночных логах,
за Каму-ривер в свинцовых снегах,
за январский мороз, за майский сад,
и за сеть 5050.

За тусклый свет ледяной воды,
за лисий лай, за волчьи следы,
за "*шоссе, где греется у огня
чумазая шоферня*" *.

За режущий воздух горних высот,
за рыжего солнца туманный восход.
За светлый рай, и за огненный ад,
и за сеть 5050.

1992

* Цитата из стихотворения А.Жигулина "У костра"

Сибирский тракт

Валерию Мустафину

По Сибирскому тракту, на солнышко,
от полей, зеленеющих вновь,
мы уходим мотать свое горюшко
средь сибирских пустынных снегов.

Мы идем сквозь нестройное пение
перелетной пернатой родни,
сквозь черемухи заросли пенные,
в золотые весенние дни.

Пьют глаза даль лесную заветную,
ветер чистый ласкает висок,
нам речушка махнет веткой вербною,
на ночь чистый постелят песок.

Солнце пачкает плечи и головы
уходящих в колонне ЗеКа.
Та дорожка знакома нам смолоду,
только смолоду смерть далека.

По Сибирскому тракту... и сгинули.
Звон кандальный растаял вдали.
На Читу, в Абакан, на Анадырь ли, —
по краям беспощадной земли.

1997

Рождественское

Рождественской метели веселые труды,
У самого порога чуть видимы следы:
Как будто ночью кто-то к воротам подошел
открыть их не решился, и следом в след, – ушел.

Уходит, оглянувшись, уже не виден он,
и след его бесследно метелью заметен.
Лишь снега вымах длинный, да ветра долгий стон,
да песенки старинной затейливый трезвон.

Идущему полями сквозь ветер, налегке,
с бутылкою в кармане и с кружкою в руке
не нужен свет домашний, уютное тепло,
а нужен снег вчерашний, поземки помело.

Рождественской метели веселые труды,
и на снегу венчальном чуть видные следы,
да взмах руки прощальный, да ветра долгий стон,
да песенки печальный, назойливый трезвон.

1997

Ласточка

Борису Гинзбургу

Так слово "ласточка" легко проходит в речь
как ветер – в комнату неприбранную эту
и как любовь нежданная, которую стеречь
напрасен труд, была она – и нету.

Душа моя! Под глиною сырой
стучит горячее сердечко птичье.
Прикинься ласточкой береговой,
стряхни привычное обличье.

Минутной тенью, крестиком во мглу
исчезни, жаркий воздух разрывая,
и в норку юркни, в теплую золу,
ты – ласточка береговая.

В последний раз, обрывом меловым,
стремительною тенью пролетая,
узри – бессмертная – как я стою, один,
усталый взор до боли напрягая.

1988

Медузы

И ты — любительница муз,
и я — поклонник новой веры,
все происходим от медуз,
созданий странных и неверных,

Плывущих весело – туда,
куда уносит их теченье,
их кровь — соленая вода
и медленное пенье.

К нам заглянувших по пути
из миллионнолетней ямы,
где у поверхности почти
рождение Адама,

Где на поверхности сады,
где мы, любимая, с тобою
меж гнутым зеркалом воды
и твердью голубою.

И нас, любимая, с тобой,
как этих – юбчатых, хвостатых
толкает вкрадчивой волной
в Австралию иль в Штаты.

И нас, любимая, с тобой,
как этих тварей беспородных
однажды выкинет прибой
на берег дикий и холодный.

Лети, прозрачная, плыви,
глотай сверкающую пену,
замешанную на крови
Париса и Елены,

Ничтожных правнуков своих
едва ли замечая,
праматерью встречая их
у двери рая,
у двери рая, –

В той бухте на дороге к Судаку…

1998

Патрокл

Троянская война. Патрокл выходит в бой.
Сверкающий доспех он мерит, цепенея –
доспех великоват. Он вертит головой,
и, верно, думает: "Уж не натрет ли шею?"

И вдруг, смутившись мыслью бытовой,
опомнившись – о славе и о жизни –
пора! Восходит Гелиос, слышнее вой
ахейцев пьяных, плачущих на тризне.

Троянская война – и тихий свет,
и длинные от мачт ложатся тени,
о сколько не ищи – милее нет,
ни там, на небесах – ни в Царстве Тени!

Еще минута – он глядит на флот,
на понт, на облака, и далее –
берет тяжелый щит, и медленно идет
в сырой песок печатая сандалии

Идет Патрокл – вот истинный герой!
Ни судорожной ярости Ахилла,
ни хитрости Улиссовой, порой
нам хочется все изменить. Но мы бессильны.

1989

Читая Державина

Я старую мельницу вспомнил,
Изгиб потемневших досок,
Где век восемнадцатый в щелку
Глядит на дрожащий лесок.
Где тонких колонн деревянных
Торжественно шествие вверх,
Там крыша худая надета
На ветра взволнованный рев,
Там воздух, сырой и холодный,
Закручен в тугую струю,
Летит, словно демон голодный
На бедную душу твою.
Над тьмою оврагов и пашен,
над пропастью нищей страны,
где Молох хозяйствует, страшен,
где люди и звери равны,
где плещется флаг очумелый,
где к Каспию катится рожь,
где, будь осторожный иль смелый, —
равно от судьбы не уйдешь!
Все временем жадным пожрется,
плачь лиры и пенье трубы,
и только одно остается:
"Ничто не уйдет от судьбы".
Останется мельница эта
у вечности на рубеже
как строчка седого поэта,
забытого нынче уже.

1982

Казанская цыганочка (Казань 80-х)

Запах сероводорода,
полумертвая природа,
нетекучая вода, –
это с нами навсегда.

А на Горках вечер тёмный,
тает снег новорождённый,
ветер рвется на углу,
кошкой прыгая во мглу.

С нами ветер дня и ночи,
дождь нежданный, снег непрочный,
утром улицы, – темны
От Казанки до тюрьмы,

где запах сероводорода,
полумёртвая природа,
нетекучая вода, –
То, что с нами навсегда.

А на Горках ветер темный,
тает снег новорожденный,
ветер рвется на углу,
кошкой прыгая во мглу.

Светят тучи, стынут губы,
мир бездонен и суров.
И открыты в небо кубы
недостроенных домов.

1980

Вечер в Елабуге

Над Елабугой странствует вечер.
Теплый дождь прокатился, ворча.
Громкозвучный стрекочет кузнечик —
Хочет жить бесконечно. Крича.

Да и сам бы я не отказался
Эту ночь, эту тьму пригубить,
Меж кустов Агасфером пробрался,
И по травам ушел голубым.

Растворился под звон однотонный
И забыл все, что было со мной —
Кабы не якорек полусонный —
Годовалый, сопящий, родной.

1985

Раковина

Между камней, выпавших из чрева
известковой матери-горы
на глаза попалась эта глыба
с оттиском фораминиферы.

Скучное латинское названье,
жизни юной дивная печать,
хочется и мне от основанья,
от моллюска заново начать.

Чтоб пройти по каменным ступеням,
оставляя в каждой тонкий след
повторяющимся утвержденьем:
"Смерти – нет".

Так и ты, в предчувствии разлуки
простодушно веруешь мечте –
меткой стать у времени на брюхе,
отпечатком, скрытым в темноте.

В теплом чреве матери-горы
Временно укрытым до поры.

1988

Приглашение к путешествию

А. Смирнову

Помнишь ли ты устройство моей души:
Сразу за входом розовый дремлет сад,
Почва влажна и черна, в душистой тиши
Ветер ласковый дует, шмели гудят.

Там, за оградой из камня, покрытой мхом,
Поле лежит, вернее пустыня, смотри –
В путь выходя, воды набери – верхом
Сутки трястись, а пешком тащиться дня три.

Высохшим руслом реки на закат, на восход,
Знаешь, я в географии не силен,
Но объяснить смогу где выход, где вход, –
Пусть безопасен кстати, хоть ненаселен.

Да, ни огня, ни жилища, лишь редкий зверь,
Камни в два-три локтя, суглинок, песок,
Руслом сухим ручья двигай теперь,
Как повернет, так иди – на закат, на восток.

Гору увидишь заросшую издалека
К ней и шагай, но не прямо, извилистый путь
Твой по ручью лежит – до родника,
Можешь дать имя горе какое-нибудь.

Если пойти по склону от родника
Между кустов сирени, по камешкам, вверх,
Там с площадки гранитной видна река,
Слышен грохот воды, капель виден сверк.

К ней и спускайся, в излучине будет плот,
И по теченью, к устью, меж дивных стран,
Не приставай, двигай куда несет,
Жди, и поток вынесет в океан.

Да, океан, шорох влажный и чаек крик,
Влево по берегу старый найдешь маяк.
В хижине рядом угрюмый дремлет старик, –
Он перевозчик, единственный в этих краях.

Дальше не ведаю, дальше плыви один,
Парус поставь и следи за движением вод.
Денег ему не сули – ты его господин,
Он отвезет тебя на закат, на восход.

Вот инвентарный список души моей,
Перечень краткий несчетных ее чудес,
Карта пути, иди и воспользуйся ей, –
Это немного, но лучше с нею, чем без.

Только дверцу открой – и проснется сад,
Зверь встрепенется, из кручи забьет родник!
Что же ты медлишь, – на взлете шмели гудят,
И из лачуги выходит седой старик.

Что же ты медлишь – вода стоит, как стекло
Крик бесконечною нотой застыл у виска.
Ну же, решайся, – пока и свежо и светло,
Карту бери и иди – на восход, на закат!

1999

Костер

Как под старость душа
выгорает дотла,
пламя чахнет и сердце не бьется.
Только пепел, зола,
да немного тепла, —
вот и все, что тебе остается.

Вороши этот пепел
и эту золу,
пестуй уголь дрожащею горстью.
Может быть ввечеру,
к золотому костру
забредут долгожданные гости.

Разложу у огня
все, что есть у меня, —
вдоволь веры, надежды и муки,
мед начальной любви,
хлеб забытой мечты,
да вино бесконечной разлуки.

Ты гори, мой костер,
на ветру, между гор,
трепещи расписными крылами!
Пусть у темной реки
все летят мотыльки
в золотистое памяти пламя.

1992

"Цепь огоньков..."

Д.В.

Цепь огоньков – угли в золе,
поздний ледок. Скользко.
Сколько еще плыть по земле?
Сколько еще, сколько...

Сколько еще падать во тьму
этих ночных странствий?
По-одному, по-одному,
по небесам странным...

Белый огонь, снежная мгла,
воздух глотком дыма, –
эта судьба нас развела
не навсегда, Дима.

Бледной весны серый туман,
пыль и жара лета...
Бог разрешит встретиться нам
на берегах Леты.

Счастье и плачь, смех и печаль,
жизни моей вечер...
Старец, скорей к брегу причаль, –
я не дождусь встречи!

Цепь огоньков – угли в золе,
Мартовский лед, скользко.
Сколько еще плыть по земле,
Сколько еще, сколько?...

1997

Друзьям

Позабудешь навеки на другом берегу
край, где сонные реки роют норы в снегу,
где у темной границы замороженных вод
полуумная птица песню страсти поет.

Позабудешь, старея на чужом берегу
ветер Гипербореи, юный тополь в снегу,
холод улицы темной, снег скрипящий в ночи,
и дрожащее пламя догоревшей свечи.

Из цветастых столетий, из полуденных стран
над атлантикой ветер гонит птиц караван, —
в край удушливо-снежный, в замороженный век,*
где соленая нежность из-под смеженных век,

Где в витрине цветочной, сквозь искристую мглу
поцелуи листочков примерзают к стеклу.

Позабудешь навеки на другом берегу
край, где сонные реки роют норы в снегу,
где у ломкого края замороженных вод
от любви умирая, птица песню поет.

Полуумная птица твою песню поет…

90-е

---

* здесь я использовал четверостишье из стихотворения моей жены, Эльфы Шабашвили

Тропический фотограф

Разгар лета в одном из приморских тропических городов.
Над случайным набором серых бетонных пустот
Стервятник взмахами роет плавленый воздух густой;
Сорок минут снаружи и ты готов.

Красться сквозь это вязкое ничто, шарахаясь из тени в тень,
Камера в правой руке, в левой скомканный мокрый платок;
Вниз: толчками плывёт мостовая из серых заплаток.
Вверх: термоядерное отверстие солнца. Это день.

День это баня. Ночь – предбанник, только пахнет не елью и не сосной:
Липкий суставчатый запах цветов и мангровая прибрежная вонь
Набивают оскомину, хочется с глаз долой и из сердца вон.
Внимание, по CNN сообщают: идет ураган, такой что ой.

Он проходит насквозь белым пламенем летящей горизонтально воды.
Он заламывает руки деревьям и выносит стервятников в Эверглейдс.
Помнишь рекламный щит у Голден Глэйдс?
Синий брезент и дранка крыш заметают его следы.

Он летит кувырком в шампанской взвеси сообщая как сбросить вес,
Или как стать сильнее, ортофосфорной глотнув шипучки,
Он поднимается высоко, становясь подобием точки
Посреди ослеплённых небес.

И тускло светит солнце сквозь всю эту муру,
И блестит мокрой рванью чешуя ошарашенных гадов.
Господи, отправь меня в холодную версию Ада
Когда я умру.

2009

Мне 45

Мне 45. Я – уезжаю.
Солнце в зените, тень коротка.
Мямлит таможнник – я не въезжаю,
Ноша легка, да не держит рука.

Мне 45. Вот расходятся стены,
Солнце печёт и таможенник спит.
Край горизонта под облачной пеной
Парусом хлопает, мачтой скрипит.

В длинном тоннеле над миром убогим
Облачный край задевая щекой, –
Так покидали вселенную боги,
В белой пироге, млечной рекой.

Так уплывали за край Ойкумены,
Где ни домов, ни друзей, ни родных.
Только мигнет над полоскою пены
Красный фонарик меж звезд ледяных.

2002

Прощальное танго

Во времена блаженные застоя,
когда все хором "ЗА!" кричали, стоя,
когда вода была мокрее, гуще дым,
когда ты был слепым и молодым...

Когда и "дружба не была обузой",
когда и "верность в тягость не была",
когда ты радостно шагал под тяжким грузом,
тебя звезда пустынная вела,

Звезда полей, лесов и рек — прекрасных,
и песенка у дымного костра...
смешно? Смешно. Но вспоминать напрасно
не следует. Вся эта жизнь — прошла.

Следы ее имперского ампира
видны еще пока на площадях.
Не вороши обломков тонущего мира.
Не поднимай ушедший в землю прах.

Не повторяй слова, что так знакомы, —
тот бобик сдох, та комната — тесна.
Лечись вином и выходи из комы.
Езжай к Хабибу — там сейчас весна.

2000

Ангел юности печальный

Вечер дымный, ветер снежный,
синих сумерек вино…
ангел тихий, ангел нежный
на мое слетит окно.

Обернувшись серой птицей,
распахнув бессонный зрак
он глядит на наши лица,
в эту кухню, в этот мрак.

Что он видит? – Старый мальчик
пьет зеленое вино.
Жизнь песком течет меж пальцев,
а ему уж все равно…

Распахну окно ночное –
кто ты – зверь иль человек? –
Только вьюга длинно воет,
да летит в квартиру снег.

То крутится вихорь снежный,
то ложится чист и бел, –
это ангел, ангел нежный
пропрощаться залетел.

Ангел юности печальный
попрощаться залетел.

2000

ЛЮБИМЫЕ ПЕСНИ

Стихи и песни любимых поэтов

АЛЕКСАНДР ГРИН

Корабли в Лиссе

Не ворчи, не ворчи, океан, не пугай.
Нас земля испугала давно.
В теплый край, южный рай –
Приплывем всё равно,

Хлопнем, тётка, по стакану!
Душу сдвинув набекрень,
Джон Манишка без обмана
Пьёт за всех, кому пить лень!

Ты, земля, ты, земля, стала твердью пустой:
Рана в сердце...Седею...Прости!
Это твой след такой...
Ну – прощай и пусти!

Хлопнем, тётка, по стакану!
Душу сдвинув набекрень,
Джон Манишка без обмана
Пьёт за всех, кому пить лень

Южный Крест, там сияет вдали,
С первым ветром, проснётся компас.
Бог, храня корабли,
Да помилует нас!

Хлопнем, тётка, по стакану!
Душу сдвинув набекрень,
Джон Манишка без обмана
Пьёт за всех, кому пить лень

ЮННА МОРИЦ

Запах пены морской и горящей листвы...

Запах пены морской и горящей листвы,
и цыганские взоры ворон привокзальных.
Это осень, мой друг! Это волны молвы
о вещах шерстяных и простудах банальных.

Кто зубами стучит в облака сентября,
кастаньетами клацает у колоколен?
Это осень, мой друг! Это клюв журавля,
это звук сотрясаемых в яблоке зерен.

Лишь бульварный фонарь в это время цветущ,
на чугунных ветвях темноту освещая.
Это осень, мой друг! Это свежая тушь
расползается, тщательно дни сокращая.

Скоро все, что способно, покроется льдом,
синей толщей классической толстой обложки.
Это осень, мой друг! Это мысли о том,
как поить стариков и младенцев из ложки.

Как дрожать одному надо всеми людьми,
словно ивовый лист или кто его знает...
Это осень, мой друг! Это слезы любви
по всему, что без этой любви умирает.

ОСИП МАНДЕЛЬШТАМ

За гремучую доблесть…

За гремучую доблесть грядущих веков,
За высокое племя людей
Я лишился и чаши на пире отцов,
И веселья, и чести своей.

Мне на плечи кидается век-волкодав,
Но не волк я по крови своей,
Запихай меня лучше, как шапку, в рукав
Жаркой шубы сибирских степей.

Чтоб не видеть ни труса, ни хлипкой грязцы,
Ни кровавых кровей в колесе,
Чтоб сияли всю ночь голубые песцы
Мне в своей первобытной красе,

Уведи меня в ночь, где течёт Енисей
И сосна до звезды достаёт,
Потому что не волк я по крови своей
И меня только равный убьёт.

17-28 марта 1931,
конец 1935

НИКОЛАЙ ЗАБОЛОЦКИЙ

Портрет

Любите живопись, поэты!
Лишь ей, единственной, дано
Души изменчивой приметы
Переносить на полотно.

Ты помнишь, как из тьмы былого,
Едва закутана в атлас,
С портрета Рокотова снова
Смотрела Струйская на нас?

Ее глаза – как два тумана,
Полуулыбка, полуплач,
Ее глаза – как два обмана,
Покрытых мглою неудач.

Соединенье двух загадок,
Полувосторг, полуиспуг,
Безумной нежности припадок,
Предвосхищенье смертных мук.

Когда потемки наступают
И приближается гроза,
Со дна души моей мерцают
Её прекрасные глаза.

1956

ВАЛЕРИЙ ТРОФИМОВ

Я не уеду никуда

Я не уеду никуда – останусь!
И стану тихим, как вода, под старость.
Вода заросшего пруда, в оконцах,
Где только небо, облака и солнце,

Я не уеду никуда – останусь!
И стану тихим, как вода, под старость.
Вода, в которую бесследно канет
И дождь, и пепел, и плевок, и камень,

Я не уеду никуда – останусь!
И стану тихим, как вода, под старость.
Вода, подернутая льдом зимою,
Когда никто не знает, что со мною.

БУЛАТ ОКУДЖАВА

Дежурный по апрелю

Ах, какие удивительные ночи!
Только мама моя в грусти и тревоге:
– "Что же ты гуляешь, мой сыночек,
Одинокий, одинокий?" –

Из конца в конец апреля путь держу я.
Стали звезды и крупнее и добрее...
– Мама, мама, это я дежурю,
Я – дежурный по апрелю!

– "Мой сыночек, вспоминаю все, что было,
стали грустными глаза твои, сыночек...
Может быть, она тебя забыла,
Знать не хочет? Знать не хочет?" –

Из конца в конец апреля путь держу я.
Стали звезды и круглее и добрее.
– Что ты, мама! Просто я дежурю,
Я дежурный по апрелю.

Мама, мама, это я дежурю,
Я – дежурный по апрелю...

1960

Надпись на камне

Пускай моя любовь, как мир, стара, –
лишь ей одной служил и доверялся.
Я – дворянин с арбатского двора,
своим двором введенный во дворянство.

За праведность и преданность двору
пожалован я кровью голубою.
Когда его не станет, я умру,
пока он есть – я властен над судьбою.

Молва за гробом чище серебра
и вслед звучит музыкою прекрасной...
Но не спеши, фортуна, будь добра,
не выпускай моей руки несчастной.

Не плачь, Мария, радуйся, живи,
по-прежнему встречай гостей у входа.
Арбатство, растворенное в крови,
неистребимо, как сама природа.

Когда кирка, бульдозер и топор
сподобятся к Арбату подобраться
и правнуки забудут слово "двор" –
согрей нас всех и собери, арбатство.

1982

Арбатский романс

Оле

Арбатского романса старинное шитьё,
К прогулкам в одиночестве пристрастье;
Из чашки запотевшей счастливое питьё,
И женщины рассеянное "здрасьте..."

Не мучьтесь понапрасну: она ко мне добра,
Легко иль грустно — век почти что прожит.
Поверьте, эта дама из моего ребра,
И без меня она уже не может.

Любовь такая штука — в ней так легко пропасть,
Зарыться, закружиться, затеряться...
Нам всем знакома эта губительная страсть,
Поэтому не стоит повторяться.

Бывали дни такие — гулял я молодой,
Глаза глядели в небо голубое.
Еще был не разменен мой первый золотой,
Пылали розы, гордые собою.

Еще моя походка мне не была смешна,
Еще подметки не пооторвались,
Из каждого окошка, где музыка слышна,
Какие мне удачи открывались!

Не мучьтесь понапрасну — всему своя пора.
Траву взрастите — к осени сомнётся.
Мы начали прогулку с арбатского двора,
К нему-то все, как видно, и вернётся.

1969

Песенка об Арбате

Ты течешь, как река. Странное название!
И прозрачен асфальт, как в реке вода.
Ах, Арбат, мой Арбат, ты – мое призвание,
Ты – и радость моя, и моя беда.

Пешеходы твои – люди невеликие,
каблуками стучат – по делам спешат.
Ах, Арбат, мой Арбат, ты – моя религия,
мостовые твои подо мной лежат.

От любови твоей вовсе не излечишься,
сорок тысяч других мостовых любя,
ах, Арбат, мой Арбат, ты – мое отечество,
никогда до конца не пройти тебя!

1959

Часовые любви

Часовые любви на Смоленской стоят.
Часовые любви у Никитских не спят.
Часовые любви по Петровке идут неизменно...
Часовым полагается смена.

О, великая вечная армия,
где не властны слова и рубли,
где все – рядовые: ведь маршалов нет у любви!
Пусть поход никогда ваш не кончится.
Признаю только эти войска!..
Сквозь зимы и вьюги к Москве подступает весна.

Часовые любви на Волхонке стоят.
Часовые любви на Неглинной не спят.
Часовые любви по Арбату идут неизменно...
Часовым полагается смена.

1958

Старый пиджак

Жанне Болотовой

Я много лет пиджак ношу.
Давно потёрся и не нов он.
И я зову к себе портного
и перешить пиджак прошу.

Я говорю ему шутя:
"Перекроите все иначе.
Сулит мне новые удачи
искусство кройки и шитья".

Я пошутил. А он пиджак
серьезно так перешивает,
а сам-то все переживает:
вдруг что не так. Такой чудак.

Одна забота наяву
в его усердьи молчаливом:
чтобы я выглядел счастливым
в том пиджаке. Пока живу.

Он представляет это так:
едва лишь я пиджак примерю —
опять в твою любовь поверю...
Как бы не так. Такой чудак.

1960

Чудесный вальс

Ю.Левитанскому

Музыкант в лесу под деревом наигрывает вальс.
Он наигрывает вальс то ласково, то страстно.
Что касается меня, то я опять гляжу на Вас,
а Вы глядите на него, а он глядит в пространство.

Целый век играет музыка. Затянулся наш пикник.
Тот пикник, где пьют и плачут, любят и бросают.
Музыкант приник губами к флейте. Я бы к Вам приник!
Но Вы, наверно, тот родник, который не спасает.

А музыкант играет вальс, И он не видит ничего.
Он стоит, к стволу березовому прислонясь плечами.
И березовые ветки вместо пальцев у него,
а глаза его березовые строги и печальны...

А перед ним стоит сосна, вся в ожидании весны.
А музыкант врастает в землю. Звуки вальса льются...
И его худые ноги как будто корни той сосны --
они в земле переплетаются, никак не расплетутся.

Целый век играет музыка. Затянулся наш роман.
Он затянулся в узелок, горит он -- не сгорает...
Ну давайте успокоимся! Разойдемся по домам!..
Но Вы глядите на него... А музыкант играет...

1961

Музыкант

И. Шварцу

Музыкант играл на скрипке -- я в глаза ему глядел.
Я не то чтоб любопытствовал -- я по небу летел.
Я не то чтобы от скуки -- я надеялся понять,
как умеют эти руки эти звуки извлекать
из какой-то деревяшки, из каких-то грубых жил,
из какой-то там фантазии, которой он служил?
Да еще ведь надо пальцы знать, к чему прижать когда,
чтоб во тьме не затерялась гордых звуков череда.
Да еще ведь надо в душу к нам проникнуть и зажечь...
А чего с ней церемониться? Чего ее беречь?

Счастлив дом, где звуки скрипки наставляют нас на путь
и вселяют в нас надежды... Остальное как-нибудь.
Счастлив инструмент, прижатый к угловатому плечу,
по чьему благословенью я по небу лечу.
Счастлив он, чей путь недолог, пальцы злы, смычок остер,
музыкант, соорудивший из души моей костер.
А душа, уж это точно, ежели обожжена,
справедливей, милосерднее и праведней она.

1983

Песенка о Лёньке Королёве

"...У нас на Арбате жил Ленька Гаврилов, рыжий, очень милый парень. Он совсем не был "королем", но мне было ужасно жалко, когда он погиб. Его смерть казалась особенно обидной, нелепой, и я дал его имя герою моей песни. Ее я написал очень быстро. Было это году в 1957-м, как-то утром. Стихи словно сами пришли, строчка за строчкой. Как мне теперь кажется, чуть ли не в пять минут. И когда уже заканчивал придумывать стихотворение, то и музыка появилась, как будто всё это жило во мне и вдруг выплеснулось. Я еле успевал записывать..."

Во дворе, где каждый вечер все играла радиола,
Где пары танцевали, пыля,
ребята уважали очень Леньку Королева
и присвоили ему званье Короля.

Был Король, как король, всемогущ. И если другу
станет худо и вообще не повезет,
он протянет ему свою царственную руку,
свою верную руку, — и спасет.

Но однажды, когда "мессершмитты", как вороны,
разорвали на рассвете тишину,
наш Король, как король, он кепчонку, как корону —
набекрень, и пошел на войну.

Вновь играет радиола, снова солнце в зените,
да некому оплакать его жизнь,
потому что тот Король был один (уж извините),
королевой не успел обзавестись.

Но куда бы я не шел, пусть какая ни забота
(по делам или так, погулять),
всё мне чудится, что вот за ближайшим поворотом
Короля повстречаю опять.

Потому что на войне хоть и правда стреляют,
не для Лёньки сырая земля.
Потому что (виноват), но я Москвы не представляю
Без такого, как он, короля.

1957

Песенка о молодом гусаре

Грозной битвы пылают пожары,
и пора уж коней под седло.
Изготовились к схватке гусары:
их счастливое время пришло.
Впереди – командир, на нем новый мундир,
а за ним – эскадрон после зимних квартир...
А молодой гусар, в Наталию влюбленный,
он все стоит пред ней коленопреклоненный.

Все погибли в бою, флаг приспущен,
и земные дела не для них,
и летят они в райские кущи
на конях на крылатых своих.
Впереди – командир, на нем рваный мундир,
следом юный гусар покидает сей мир...
Но чудится ему, что он опять влюбленный,
опять стоит пред ней коленопреклоненный.

Вот иные столетья настали,
И несчетно воды утекло,
И давно уже нет той Натальи,
и в музее пылится седло.
Позабыт командир – дам уездных кумир,
жаждет новых потех просвещенный наш мир...
А юный тот гусар, в Наталию влюбленный,
он все стоит пред ней коленопреклоненный.

А юный тот гусар...
А юный тот гусар...

1983

Песенка о голубом шарике

Девочка плачет: шарик улетел.
Ее утешают, а шарик летит.

Девушка плачет: жениха все нет.
Ее утешают, а шарик летит.

Женщина плачет: муж ушел к другой.
Ее утешают, а шарик летит.

Плачет старушка: мало пожила...
А шарик вернулся, а он голубой.

1957

Живописцы

Ю.Васильеву

Живописцы, окуните ваши кисти
В суету дворов арбатских и в зарю,
Чтобы были ваши кисти, словно листья,
Словно листья, словно листья к ноябрю.

Окуните ваши кисти в голубое,
По традиции забытой городской,
Нарисуйте и прилежно и с любовью,
как с любовью мы проходим по Тверской.

Мостовая пусть качнется, как очнется!
Пусть начнется, что еще не началось.
Вы рисуйте, вы рисуйте, вам зачтется...
Что гадать нам: удалось – не удалось?

Вы, как судьи, нарисуйте наши судьбы,
Наше лето, нашу зиму и весну...
Ничего, что мы чужие, – вы рисуйте!
Я потом, что непонятно, объясню.

1959

Песенка о Ваньке Морозове

За что ж вы Ваньку-то Морозова?
Ведь он ни в чем не виноват.
Она сама его морочила,
а он ни в чем не виноват.

Он в старый цирк ходил на площади
и там циркачку полюбил.
Ему чего-нибудь попроще бы,
а он циркачку полюбил.

Она по проволке ходила,
махала белою рукой,
и страсть Морозова схватила
своей мозолистой рукой.

А он швырял в "Пекине" сотни,
ему-то было все равно.
А по нему Маруся сохнет,
и это ей не все равно.

А он медузами питался,
циркачке чтобы угодить.
И соблазнить ее пытался,
чтоб ей, конечно, угодить.

Не думал, что она обманет:
ведь от любви беды не ждешь...
Ах Ваня, Ваня, что ж ты, Ваня?
Ведь сам по проволке идешь...

1957

Песенка о дальней дороге

В. Золотухину

Забудешь первый праздник, и позднюю утрату,
Когда луны колеса затренькают по тракту.
И силуэт совиный склонится с облучка,
И прямо в душу грянет простой романс сверчка.

Пускай глядит с порога красотка, увядая,
То гордая, то злая, то злая, то святая.
Что – прелесть ее ручек, что – жар ее перин?
Давай брат, отрешимся, давай брат воспарим.

Покуда ночка длится, покуда бричка катит,
Дороги этой дальней на нас обоих хватит.
Зачем ладонь с повинной ты на сердце кладешь?
Чего не потеряешь, того, брат, не найдешь.

Жена, как говорится, найдет себе другого,
Какого, никакого, как ты – не дорогого,
А дальняя дорога дана тебе судьбой,
Как матушкины слезы, всегда она с тобой.

От сосен запах хлебный, от неба свет целебный.
А от любови бедной сыночек будет бледный.
А дальняя дорога, а дальняя дорога...

1969

Песенка о пехоте

Простите пехоте, что так неразумна бывает она:
Всегда мы уходим, когда над землею бушует весна.
И шагом неверным по лестничке шаткой спасения нет.
Лишь белые вербы, как белые сестры глядят тебе вслед.

Не верьте погоде, когда затяжные дожди она льет,
Не верьте пехоте, когда она бравые песни поет,
Не верьте, не верьте, когда по садам закричат соловьи:
У жизни и смерти еще не окончены счеты свои.

Нас время учило: живи по по-походному, дверь отворя...
Товарищ мужчина, а все же заманчива доля твоя:
Весь век ты в походе, и только одно отрывает от сна:
Чего ж мы уходим, когда над землёю бушует весна?

1961

Гори, огонь, гори

"...Первая песня появилась у меня почти случайно в 1946 году. Тогда я был студентом первого курса университета. Я очень гордился этим своим новым званием и решил — так как я писал стихи — написать студенческую песню. По моим представлениям,студенческая песня должна была быть очень грустной, типа "Быстры, как волны, дни нашей жизни" или что-нибудь в этом роде. И вот как-то однажды я подсел к пианино и двумя пальцами стал подбирать музыку к стихам "Неистов и упрям, гори, огонь, гори..." Получилась песенка. Друзья ее подхватили. А еще раньше, на фронте, я написал стихи, придумал мелодию — и потом наш полк пел: "Нам в холодных теплушках не спалось". Но к этому занятию я тогда относился несерьезно..."

Ю.Нагибину

Неистов и упрям,
Гори, огонь, гори.
На смену декабрям
Приходят январи.

Нам всё дано сполна —
и горести, и смех,
одна на всех луна,
весна одна на всех.

Прожить лета б дотла,
а там пускай ведут
за все твои дела
на самый страшный суд.

Пусть оправданья нет,
и даже век спустя...
Семь бед — один ответ,
один ответ — пустяк.

Неистов и упрям,
гори, огонь, гори.
На смену декабрям
приходят январи.

1946

Из окон корочкой несет поджаристой...

*"...Вспоминаю, что тогда, в конце пятидесятых, я мечтал найти двух-трех
гитаристов и каждый вечер выходить с ними на Тверской бульвар и петь,
приучать публику к песням. Друзья меня отговорили. А потом так получилось,
что особенно "приучать" не пришлось: публика привыкла к песням, а я — к
публике..."*

Посвящается Е.Рейну

Из окон корочкой несет поджаристой.
За занавесками – мельканье рук.
Здесь остановки нет, а мне – пожалуйста:
Шофер в автобусе – мой лучший друг.

А кони в сумерках колышут гривами.
Автобус новенький, спеши, спеши!
Ах, Надя, Наденька, мне б за двугривенный
в любую сторону твоей души.

Я знаю, вечером ты в платье шелковом
пойдешь по улице гулять с другим...
Ах Надя, брось коней кнутом нащелкивать,
попридержи-ка их, поговорим.

Она в спецовочке, в такой промасленной,
берет немыслимый такой на ней...
Ах Надя, Наденька, мы были б счастливы...
Куда же гонишь ты своих коней!

Но кони в сумерках колышут гривами.
Автобус новенький спешит-спешит.
Ах Надя, Наденька, мне б за двугривенный
в любую сторону твоей души!

1958

Песенка о ночной Москве

"...Стихотворение, а потом эта песня появилась как бы в подражание манере чтения Беллы Ахмадулиной. У нее в одном стихотворении были такие строчки: "маленькие самолеты, как маленькие соломоны"... И мне это так понравилось в ее чтении, что у меня появился "надежды ма-а-аленький оркестрик под управлением любви". Ахмадулиной я и посвятил это стихотворение..."

Белле Ахмадулиной

Когда внезапно возникает еще неясный голос труб,
Слова, как ястребы ночные, срываются с горячих губ,
мелодия, как дождь случайный, гремит; и бродит меж людьми
надежды маленький оркестрик   под управлением любви.

В года разлук, в года сражений, когда свинцовые дожди
лупили так по нашим спинам, что снисхождения не жди,
и командиры все охрипли... тогда командовал людьми
надежды маленький оркестрик под управлением любви.

Кларнет пробит, труба помята, фагот, как старый посох, стерт,
на барабане швы разлезлись... Но кларнетист красив, как черт!
Флейтист, как юный князь, изящен... И вечно в сговоре с людьми
надежды маленький оркестрик под управлением любви.

1963

Песенка об открытой двери

Когда метель кричит, как зверь –
протяжно и сердито,
не запирайте вашу дверь,
пусть будет дверь открыта.

А если ляжет дальний путь,
нелегкий путь, представьте,
дверь не забудьте распахнуть,
открытой дверь оставьте.

И, уходя в ночной тиши,
без долгих слов решайте:
огонь сосны с огнем души
в печи перемешайте.

Пусть будет теплою стена
и мягкою скамейка...
Дверям закрытым – грош цена,
замку цена – копейка!

1961

Песенка о московском муравье

Мне нужно на кого-нибудь молиться.
Подумайте, простому муравью
вдруг захотелось в militзаться...

Мне нужно на кого-нибудь молиться.
Подумайте, простому муравью
вдруг захотелось в ноженьки валиться,
поверить в очарованность свою!

И муравья тогда покой покинул,
все показалось будничным ему,
и муравей создал себе богиню
по образу и духу своему.

И в день седьмой, в какое-то мгновенье
она возникла из ночных огней
без всякого небесного знаменья...
Пальтишко было легкое на ней.

Все позабыв — и радости и муки,
он двери распахнул в свое жилье
и целовал обветренные руки
и старенькие туфельки ее.

И тени их качались на пороге,
безмолвный разговор они вели,
красивые и мудрые, как боги,
и грустные, как жители Земли.

1959

Полночный троллейбус

Когда мне невмочь пересилить беду,
когда подступает отчаянье,
я в синий троллейбус сажусь на ходу,
в последний,
в случайный.
Я в синий троллейбус сажусь на ходу,
в последний,
в случайный.

Последний троллейбус, по улице мчи,
верши по бульварам круженье,
чтоб всех подобрать, потерпевших в ночи
крушенье,
крушенье.

Последний троллейбус, мне дверь отвори!
Я знаю, как в зябкую полночь
твои пассажиры — матросы твои —
приходят
на помощь.

Я с ними не раз уходил от беды,
я к ним прикасался плечами...
Как много, представьте себе, доброты
в молчанье,
в молчанье.

Последний троллейбус плывет по Москве,
Москва, как река, затухает,
и боль, что скворчонком стучала в виске,
стихает,
стихает.

1957

Главная песенка

Наверное, самую лучшую
на этой, земной стороне
хожу я и песенку слушаю –
она шевельнулась во мне.

Она еще очень неспетая.
Она зелена, как трава,
Но чудится музыка светлая,
и строго ложатся слова.

Сквозь время, что мною не пройдено,
сквозь смех наш короткий и плач
я слышу: выводит мелодию
какой-то грядущий трубач.

Легко, необычно и весело
кружит над скрещеньем дорог
та самая главная песенка,
которую спеть я не смог.
Та самая главная песенка,
которую спеть я не смог.

1962

Проводы юнкеров (из к/ф "На ясный огонь")

К.Померанцеву

Наша жизнь – не игра, собираться пора!
Кант малинов и лошади серы.
Господа юнкера, кем вы были вчера?
А сегодня вы все офицеры.

Господа юнкера, кем вы были вчера
без лихой офицерской осанки?
Можно вспомнить опять (ах, зачем вспоминать?)
как ходили гулять по Фонтанке.

Над гранитной Невой гром стоит полковой,
да прощанье недорого стоит.
На германской войне только пушки в цене,
а невесту другой успокоит.

Наша жизнь – не игра, в штыковую, ура!
Замерзают окопы пустые...
Господа юнкера, кем вы были вчера?
Да и нынче вы все холостые.

1969

О синих маяках

Не бродяги, не пропойцы,
За столом семи морей
Вы пропойте, вы пропойте
Славу женщине моей!

Вы в глаза ее взгляните,
Как в спасение свое,
Вы сравните, вы сравните,
С близким берегом ее.

Мы земных земней. И вовсе
К черту сказки о богах!
Просто мы на крыльях носим
То, что носят на руках.

Просто нужно очень верить
Этим синим маякам,
И тогда нежданный берег
Из тумана выйдет к вам.

Не бродяги, не пропойцы,
За столом семи морей
Вы пропойте, вы пропойте
Славу женщине моей!

1957

Песенка о бумажном солдатике

Один солдат на свете жил,
красивый и отважный,
но он игрушкой детской был,
ведь был солдат бумажный.

Он переделать мир хотел,
чтоб был счастливым каждый,
а сам на ниточке висел:
ведь был солдат бумажный.

Он был бы рад – в огонь и в дым,
за вас погибнуть дважды,
но потешались вы над ним,
ведь был солдат бумажный.

Не доверяли вы ему
своих секретов важных,
а почему? А потому,
что был солдат бумажный.

А он, судьбу свою кляня,
не тихой жизни жаждал,
и все просил: "Огня! Огня!" –
Забыв, что он бумажный.

В огонь? Ну что ж, иди! Идешь?
И он шагнул однажды,
и там сгорел он ни за грош:
ведь был солдат бумажный.

1959

Три сестры

С.Смирнову

Опустите, пожалуйста, синие шторы.
Медсестра, всяких снадобий мне не готовь.
Вот стоят у постели моей кредиторы
молчаливые: Вера, Надежда, Любовь.

Раскошелиться б сыну недолгого века,
да пусты кошельки упадают с руки...
 – Не грусти, не печалуйся, о моя Вера, –
остаются еще у тебя должники!

И еще я скажу и бессильно и нежно,
две руки виновато губами ловя:
 – Не грусти, не печалуйся, матерь Надежда, –
есть еще на земле у тебя сыновья!

Протяну я Любови ладони пустые,
покаянный услышу я голос ее:
 – Не грусти, не печалуйся, память не стынет,
я себя раздарила во имя твое.

Но какие бы руки тебя ни ласкали,
как бы пламень тебя ни сжигал неземной,
в троекратном размере болтливость людская
за тебя расплатилась... Ты чист предо мной!

Чистый-чистый лежу я в наплывах рассветных,
белым флагом струится на пол простыня...
Три сестры, три жены, три судьи милосердных
открывают последний кредит для меня.

1959

Старинная солдатская песня

"...Мне нравились русские офицерские песни. Одна из них, довольно известная, когда-то я знал ее, а сейчас припоминаю только припев:

И шли мы дружно к схваткам новым,
Не ожидая череды.
Хвала погибшим, а здоровым
Алаверды, алаверды!

Такая бравая песня какого-то императорского полка, сочиненная в XIX веке. И эти песни, и стихи Д. Давыдова, И. Мятлева, Л. Трефолева, менее известных авторов, и русский фольклор, конечно, откладывались в памяти... Я люблю XIX век — он не так   далек, чтобы прослыть недостоверным, но и не так близок, чтобы утратить загадочность..."

Отшумели песни нашего полка,
отзвенели звонкие копыта.
Пулями пробито днище котелка,
маркитантка юная убита.

Нас осталось мало: мы да наша боль.
Нас немного и врагов немного.
Живы мы покуда, фронтовая голь,
а погибнем – райская дорога.

Руки на затворе, голова в тоске,
а душа уже взлетела вроде.
Для чего мы пишем кровью на песке?
Наши письма не нужны природе.

У могилы братской грустные посты,
новые квартиры в перелеске.
Им теперь не больно, их сердца чисты,
и глаза распахнуты по-детски.

Спите себе, братцы, все придет опять:
новые родятся командиры,
новые солдаты будут получать
вечные казенные квартиры.

Спите себе, братцы, все начнется вновь,
все должно в природе повториться:
и слова, и пули, и любовь, и кровь...
времени не будет помириться.
1973

По Смоленской дороге

"...У меня почти все песни сложились на готовые стихи, то есть, сначала писались стихи, а потом появлялась музыка. Только одна родилась наоборот, на музыку – это песня "По Смоленской дороге". Ехал я в самом деле по Смоленской дороге, зимой в машине вместе с поэтом Юрием Левитанским. Ехали мы в командировку от "Литературной газеты", была с нами гитара, и вот у меня сначала появилась музыка, а потом стихи..."

Ж.Болотовой

По Смоленской дороге – леса, леса, леса.
По Смоленской дороге – столбы, столбы, столбы.
Над дорогой Смоленскою, как твои глаза, –
две вечерних звезды – голубых моей судьбы.

По Смоленской дороге – метель в лицо, в лицо,
всё нас из дому гонят дела, дела, дела.
Может, будь понадежнее рук твоих кольцо –
покороче б, наверно, дорога мне легла.

По Смоленской дороге – леса, леса, леса.
По Смоленской дороге – столбы гудят, гудят.
На дорогу Смоленскую, как твои глаза,
две холодных звезды голубых глядят, глядят.

1960

Под Мамонтовкой жгут костры...

Под Мамонтовкой жгут костры
Бродяги иль студенты...
Ах, годы детства так пестры,
Как кадры киноленты!

Еще не найдена стезя
Меж адом и меж раем,
И все пока в живых друзья,
И мы в войну играем.

Еще придет пора разлук
И жажда побороться.
Еще все выпадет из рук —
Лишь мелочь подберется.

Но это все потом, потом,
Когда-нибудь, быть может.
И нету сведений о том,
Что время нам предложит.

Еще придет тот главный час
С двенадцатым ударом,
Когда добром помянут нас
И проклянут задаром.

Еще повеет главный час
Разлукой ледяною,
Когда останутся от нас
Лишь крылья за спиною.

1984

Молитва

(Молитва Франсуа Вийона)

Пока Земля еще вертится, пока еще ярок свет,
Господи, дай же ты каждому, чего у него нет:
Мудрому дай голову, трусливому дай коня,
Дай счастливому денег... И не забудь про меня.

Пока Земля еще вертится – Господи, твоя власть! –
Дай рвущемуся к власти навластвоваться всласть,
Дай передышку щедрому, хоть до исхода дня.
Каину дай раскаянье... И не забудь про меня.

Я знаю: ты все умеешь, я верую в мудрость твою,
Как верит солдат убитый, что он проживает в раю,
Как верит каждое ухо тихим речам твоим,
Как веруем и мы сами, не ведая, что творим!

Господи, мой Боже, зеленоглазый мой!
Пока Земля еще вертится, и это ей странно самой,
Пока ей ещё хватает времени и огня,
Дай же ты всем понемногу... И не забудь про меня.

1963

Две дороги (Танго военных лет)

Не сольются никогда зимы долгие и лета,
У них разные привычки и совсем несхожий вид.
Не случайны на земле две дороги – та и эта,
Та натруживает ноги, эта душу бередит.

Эта женщина в окне в платье розового цвета
Утверждает, что в разлуке невозможно жить без слез.
Потому что перед ней две дороги – та и эта,
Та прекрасна, но напрасна, эта, видимо, всерьез.

Хоть разбейся, хоть умри – не найти верней ответа,
И куда бы наши страсти нас с тобой не завели,
Неизменно впереди две дороги – та и эта,
Без которых невозможно, как без неба и земли.

1985

Песенка про дураков

Вот так и ведется на нашем веку:
на каждый прилив – по отливу,
на каждого умного – по дураку,
всё поровну, всё справедливо.

Но принцип такой дуракам не с руки:
с любых расстояний их видно.
Кричат дуракам: "Дураки, дураки!"
А это им очень обидно.

И чтоб не краснеть за себя дураку,
чтоб каждый был выделен, каждый,
на каждого умного по ярлыку
повешено было однажды.

Давно в обиходе у нас ярлыки
по фунту на грошик на медный.
И умным кричат: "Дураки, дураки!"
А вот дураки – незаметны.

1960-1961

Грузинская песня

Посвящается М.Квливидзе

Виноградную косточку в теплую землю зарою,
и лозу поцелую, и спелые гроздья сорву,
и друзей созову, на любовь свое сердце настрою.
А иначе зачем на земле этой вечной живу?

Собирайтесь-ка, гости мои, на мое угощенье,
говорите мне прямо в лицо, кем пред вами слыву.
царь небесный пошлет мне прощение за прегрешенья.
А иначе зачем на земле этой вечной живу?

В темно-красном своем будет петь для меня моя Дали,
в черно-белом своем преклоню перед нею главу,
и заслушаюсь я, и умру от любви и печали.
А иначе зачем на земле этой вечной живу?

И когда заклубится закат, по углам залетая,
пусть опять и опять предо мной проплывут наяву
белый буйвол, и синий орел, и форель золотая.
А иначе зачем на земле этой вечной живу?

1967

Песня московских ополченцев

К. Симонову

Над нашими домами разносится набат,
и затемненье улицы одело.
Ты научи любви, Арбат,
а дальше – дальше наше дело.

Гляжу на двор арбатский, надежды не тая,
вся жизнь моя встает перед глазами.
Прощай, Москва, душа твоя
Всегда-всегда пребудет с нами!

Расписки за винтовки с нас взяли писаря,
но долю себе выбрали мы сами.
Прощай, Москва, душа твоя
Всегда-всегда пребудет с нами!

1969

Сентиментальный марш

Е. Евтушенко

Надежда, я вернусь тогда, когда трубач отбой сыграет,
когда трубу к губам приблизит и острый локоть отведет.
Надежда, я останусь цел: не для меня земля сырая,
а для меня – твои тревоги и добрый мир твоих забот.

Но если целый век пройдет, и ты надеяться устанешь,
Надежда, если надо мною смерть распахнет свои крыла,
ты прикажи, пускай тогда трубач израненный привстанет,
чтобы последняя граната меня прикончить не смогла.

Но если вдруг когда-нибудь мне уберечься не удастся,
какое новое сраженье ни покачнуло б шар земной,
я все равно паду на той, на той единственной Гражданской,
и комиссары в пыльных шлемах склонятся молча надо мной.

1957

Былое нельзя воротить

А. Цыбулевскому

Былое нельзя воротить – и печалиться не о чем:
у каждой эпохи свои подрастают леса.
А всё-таки жаль, что нельзя с Александром Сергеичем
поужинать в "Яр" заскочить хоть на четверть часа.

Теперь нам не надо по улицам мыкаться ощупью:
Машины нас ждут, и ракеты уносят нас вдаль.
А всё-таки жаль, что в Москве больше нету извозчиков,
хотя б одного, и не будет отныне, – а жаль.

Я кланяюсь низко познания морю безбрежному,
разумный свой век, многоопытный век свой любя.
А всё-таки жаль, что кумиры нам снятся по-прежнему,
и мы до сих пор всё холопами числим себя.

Победы свои мы ковали не зря и вынашивали,
мы всё обрели – и надежную пристань, и свет...
А всё-таки жаль: иногда над победами нашими
встают пьедесталы, которые выше побед.

Москва, ты не веришь слезам – это время проверило.
железное мужество, твёрдость и сила во всем.
Но если бы ты в наши слезы однажды поверила,
ни нам, ни тебе не пришлось бы грустить о былом.

Былое нельзя воротить... Выхожу я на улицу.
и вдруг замечаю: у самых Арбатских ворот
извозчик стоит, Александр Сергеич прогуливается...
Ах, завтра, наверное, что-нибудь произойдет!

1964

Прощание с новогодней елкой

"...Я отношусь к категории людей, для которых в понятии Новый год заключен некий мистический смысл. Уже в декабре меня начинает лихорадить при одном упоминании о приближении Нового года. Я жду полного обновления, резких качественных перемен, я жду обновления моей жизни, жизни близких мне людей и всего человечества..."

З.Крахмальниковой

Синяя крона, малиновый ствол, звяканье шишек зеленых.
Где-то по комнатам ветер прошел: там поздравляли влюбленных.
Где-то он старые струны задел – тянется их перекличка...
Вот и январь накатил-налетел, бешеный, как электричка.

Мы в пух и прах наряжали тебя, мы тебе верно служили.
Громко в картонные трубы трубя, словно на подвиг спешили.
Даже поверилось где-то на миг (знать, в простодушьи сердечном) :
женщины той очарованный лик слит с твоим празднеством вечным.

В миг расставания, в час платежа, в день увяданья недели
чем это стала ты нехороша? Что они все, одурели?!
И утонченные как соловьи, гордые, как гренадеры,
что же надежные руки свои прячут твои кавалеры?

Нет бы собраться им – время унять, нет бы им всем расстараться.
Но начинают колеса стучать: как тяжело расставаться!
Но начинается вновь суета. Время по-своему судит.
И в суете тебя сняли с креста, и воскресенья не будет.

Ель моя, Ель – уходящий олень, зря ты, наверно, старалась:
женщины той осторожная тень в хвое твоей затерялась!
Ель моя, Ель, словно Спас-на-крови, твой силуэт отдаленный,
будто бы след удивленной любви, вспыхнувшей, неутоленной.

1966

Пиратская лирическая

В ночь перед бурею на мачтах горят святого Эльма свечки,
отогревают наши души за все прошедшие года.
Когда воротимся мы в Портленд, мы будем кротки, как овечки.
Да только в Портленд воротиться нам не придется никогда.

Что ж, если в Портленд нет возврата, пускай несет нас черный парус,
пусть будет крепок ром ямайский, все остальное – ерунда.
Когда воротимся мы в Портленд, ей-богу, я во всем покаюсь.
Да только в Портленд воротиться нам не придется никогда.

Что ж, если в Портленд нет возврата, пускай купец помрет со страху.
Ни Бог, ни дьявол не помогут ему спасти свои суда.
Когда воротимся мы в Портленд, клянусь – я сам взбегу на плаху.
Да только в Портленд воротиться нам не придется никогда.

Что ж, если в Портленд нет возврата, поделим золото, как братья,
поскольку денежки чужие не достаются без труда.
Когда воротимся мы в Портленд, нас примет родина в объятья.
Да только в Портленд воротиться не дай нам, Боже, никогда.

1979

Песня кавалергарда

Кавалергарды, век не долог,
и потому так сладок он.
Поет труба, откинут полог,
и где-то слышен сабель звон.

Еще рокочет голос струнный,
но командир уже в седле...
Не обещайте деве юной
любови вечной на земле!

Течет шампанское рекою,
и взгляд туманится слегка,
и все как будто под рукою,
и все как будто на века.

Но как ни сладок мир подлунный --
лежит тревога на челе...
Не обещайте деве юной
любови вечной на земле!

Напрасно мирные забавы
продлить пытаетесь, смеясь.
Не раздобыть надежной славы,
покуда кровь не пролилась...

Крест деревянный иль чугунный
назначен нам в грядущей мгле...
Не обещайте деве юной
любови вечной на земле!

1975

Песня Верещагина из к/ф "Белое солнце пустыни"

П.Луспекаеву

Ваше благородие, госпожа разлука,
мне с тобою холодно, вот какая штука,
письмецо в конверте погоди – не рви.
Не везет мне в смерти, повезет в любви.

Ваше благородие, госпожа чужбина,
жарко обнимала ты, да только не любила.
В ласковые сети постой – не лови.
Не везет мне в смерти, повезет в любви.

Ваше благородие, госпожа удача,
для кого ты добрая, а кому иначе.
Девять граммов в сердце, постой – не зови...
Не везет мне в смерти, повезет в любви.

Ваше благородие, госпожа победа.
значит моя песенка до конца не спета!
Перестаньте черти клясться на крови.
Не везет мне в смерти, повезет в любви.

1967

Старый флейтист

Д.Межевичу

Идут дожди, и лето тает,
как будто не было его.
В пустом саду флейтист играет,
а больше нету никого.
Он одинок, как ветка в поле,
косым омытая дождем.
Давно ли, долго ли, легко ли –
никто не спросит ни о чем.

Ах, флейтист, флейтист в старом пиджаке,
С флейтою послушною в руке.
вот уж день прошел, так и жизнь пройдёт,
словно сад осенний опадёт.

Всё ниже, глуше свод небесный,
звук флейты слышится едва.
"Прости-прощай" – мотив той песни,
"Я все прощу" – её слова.
Знать, надо вымокнуть до нитки,
Знать, надо горюшка хлебнуть,
Чтоб к заколоченной калитке
С надеждой руку протянуть.

Ах, флейтист, флейтист, в старом пиджаке,
с флейтою послушною в руке.
Вот уж день прошел, скоро жизнь пройдёт,
словно лист осенний опадёт.

Ах, флейтист, флейтист, в старом пиджаке,
С флейтою послушною в руке.
Вот уж день прошел, скоро жизнь пройдёт,
словно лист осенний опадёт.

1969

Антон Палыч Чехов однажды заметил...

Антон Палыч Чехов однажды заметил,
что умный любит учиться, а дурак – учить.
Скольких дураков в своей жизни я встретил –
мне давно пора уже орден получить.

Дураки обожают собираться в стаю.
Впереди их главный во всей красе.
В детстве я думал, что однажды встану*,
а дураков нету – улетели все.

Ах, детские сны мои – какая ошибка,
в каких облаках я по глупости витал.
У природы на устах коварная улыбка...
Видимо, чего-то я не рассчитал.

А умный в одиночестве гуляет кругами,
он ценит одиночество превыше всего.
И его так просто взять голыми руками,
скоро их повыловят всех до одного.

Когда ж их всех повыловят – наступит эпоха,
которую не выдумать и не описать...
С умным – хлопотно, с дураком – плохо.
Нужно что-то среднее. Да где ж его взять?

Дураком быть выгодно, да очень не хочется,
умным – очень хочется, да кончится битьем...
У природы на устах коварные пророчества.
Но, может быть, когда-нибудь к среднему придем.

1979

*Вариант: В детстве я верил, что однажды встану

Римская империя

Римская империя времени упадка
сохраняла видимость твердого порядка:
Цезарь был на месте, соратники рядом,
жизнь была прекрасна, судя по докладам.
А критики скажут, что слово "соратник" – не римская деталь,
что эта ошибка всю песенку смысла лишает...
Может быть, может быть, может и не римская – не жаль,
мне это совсем не мешает, а даже меня возвышает.

Римляне империи времени упадка
ели что придется, напивались гадко,
а с похмелья каждый на рассол был падок –
видимо, не знали, что у них упадок.
А критики скажут, что слово "рассол", мол, не римская деталь,
что эта ошибка всю песенку смысла лишает...
Может быть, может быть, может и не римская – не жаль,
мне это совсем не мешает, а даже меня возвышает.

Юношам империи времени упадка
снились постоянно то скатка, то схватка:
то они – в атаке, то они – в окопе,
то вдруг – на Памире, а то вдруг – в Европе.
А критики скажут, что "скатка", представьте, не римская деталь,
что эта ошибка, представьте, всю песенку смысла лишает...
Может быть, может быть, может и не римская – не жаль,
мне это совсем не мешает, а даже меня возвышает.

Римлянкам империи времени упадка,
только им, красавицам, доставалось сладко –
все пути открыты перед ихним взором:
хочешь – на работу, а хочешь – на форум.
А критики хором: "Ах, «форум», ах, «форум»" – вот римская деталь!
Одно лишь словечко – а песенку как украшает!
Может быть, может быть, может и римская – а жаль...
Мне это немного мешает и замысел мой разрушает.

1979

Капли Датского короля

Вл. Мотылю
муз.: И. Шварц

В раннем детстве верил я, что от всех болезней
капель Датского короля не найти полезней.
И с тех пор горит во мне огонек той веры...
Капли Датского короля пейте, кавалеры!

Капли Датского короля или королевы –
это крепче, чем вино, слаще карамели
и сильнее клеветы, страха и холеры...
Капли Датского короля пейте, кавалеры!

Рев орудий, посвист пуль, звон штыков и сабель
растворяются легко в звоне этих капель,
солнце, май, Арбат, любовь – выше нет карьеры...
Капли Датского короля пейте, кавалеры!

Слава головы кружит, власть сердца щекочет.
Грош цена тому, кто встать над другим захочет.
Укрепляйте организм, принимайте меры...
Капли Датского короля пейте, кавалеры!

Если правду прокричать вам мешает кашель,
не забудьте отхлебнуть этих чудных капель.
Перед вами пусть встают прошлого примеры...
Капли Датского короля пейте, кавалеры!

Белый свет я обошел, но нигде на свете
мне, представьте, не пришлось встретить капли эти.
Если ж вам вдруг повезет, вы тогда без меры
Капли Датского короля пейте, кавалеры!

Добрый старый рыцарь мой в современной кепке,
мне приелся, видит бог,хмель разлуки цепкий.
В честь Надежды и Любви,Радости и Веры
капли Датского короля пейте, кавалеры!

1964

В городском саду

муз.: В. Берковский

Круглы у радости глаза и велики у страха,
и пять морщинок на челе от празднеств и обид...
Но вышел тихий дирижер, но заиграли Баха,
и все затихло, улеглось и обрело свой вид.

Все стало на свои места, едва сыграли Баха...
Когда бы не было надежд – на черта белый свет?
К чему вино, кино, пшено, квитанции Госстраха
и вам – ботинки первый сорт, которым сносу нет?

"Не все ль равно: какой земли касаются подошвы?
Не все ль равно: какой улов из волн несет рыбак?
Не все ль равно: вернешься цел или в бою падешь ты,
и руку кто подаст в беде – товарищ или враг?.."

О, чтобы было все не так, чтоб все иначе было,
наверно, именно затем, наверно, потому
играет будничный оркестр привычно и вполсилы,
а мы так трудно и легко все тянемся к нему.

Ах музыкант мой, музыкант, играешь, да не знаешь,
что нет печальных и больных и виноватых нет,
когда в прокуренных руках так просто ты сжимаешь,
ах музыкант мой, музыкант, черешневый кларнет!

1963

Ночной разговор

— Мой конь притомился, стоптались мои башмаки.
Куда же мне ехать? Скажите мне, будьте добры.
— Вдоль Красной реки, моя радость, вдоль Красной реки,
до Синей горы, моя радость, до Синей горы.

— А где ж та река, та гора? Притомился мой конь.
Скажите, пожалуйста, как мне проехать туда?
— На ясный огонь, моя радость, на ясный огонь,
езжай на огонь, моя радость, найдешь без труда.

— А где же тот ясный огонь? Почему не горит?
Сто лет подпираю я небо ночное плечом...
— Фонарщик был должен зажечь, да фонарщик тот спит,
фонарщик-то спит, моя радость... А я ни при чем.

И снова он едет один без дороги во тьму.
Куда же он едет, ведь ночь подступила к глазам!..
— Ты что потерял, моя радость? — кричу я ему.
А он отвечает: — Ах, если б я знал это сам...

1962

Песенка о Моцарте

Моцарт на старенькой скрипке играет,
Моцарт играет, а скрипка поет,
Моцарт отечества не выбирает –
просто играет всю жизнь напролет...
Ах, ничего, что всегда, как известно,
наша судьба – то гульба, то пальба...
Не оставляйте стараний, маэстро,
не убирайте ладони со лба.

Где-нибудь на остановке конечной
скажем спасибо и этой судьбе.
Но из грехов своей родины вечной
не сотворить бы кумира себе.
Ах, ничего, что всегда, как известно,
наша судьба – то гульба, то пальба...
Не расставайтесь с надеждой, маэстро,
не убирайте ладони со лба.

Коротки наши лета молодые.
Миг – и развеются, как на кострах,
красный камзол, башмаки золотые,
белый парик, рукава в кружевах
Ах, ничего, что всегда,как известно,
наша судьба – то гульба,то пальба...
Не обращайте вниманья, маэстро,
не убирайте ладони со лба.

1969

АЛЕКСАНДР КУШНЕР

В вагоне

Поскрипывал ремень на чемодане,
Позвякивала ложечка в стакане,
Тянулся луч по стенке за лучом.
О чём они? Не знаю, ни о чём.

Подрагивали пряжки и застёжки,
Покачивались платья и сапожки,
Помигивал, помаргивал плафон,
Покряхтывал, потрескивал вагон.

Покатая покачивалась полка,
Шнурок какой-то бился долго-долго
О стенку металлическим крючком.
О чём они? Не знаю, ни о чём.

Усни, усни, усни — сгрузили брёвна,
К восьми, к восьми, к восьми, нет в девять ровно,
Все блажь, пустяк, прости меня, все бред,
Попробуй так, да, да, а нет, так нет.

Ах, стуки эти, скрипы, переборы,
Сдавался я на эти уговоры,
Склонялся и согласен был с судьбой,
Уговорённый пряжкой и скобой.

Этот вечер свободный..

Т.

Этот вечер свободный
 Можно так провести:
За туманный Обводный
Невзначай забрести
Иль взойти беззаботней,
Чем гуляка ночной,
По податливым сходням
На кораблик речной.

В этот вечер свободный
Можно съежиться, чтоб
Холодок мимолетный
По спине и озноб,
Ощутить это чудо,
Как вино винодел,
За того, кто отсюда
Раньше нас отлетел.

Наконец, этот вечер
 Можно так провести:
За бутылкой, беспечно,
Одному, взаперти.
В благородной манере,
Как велел Корнуол,
Пить за здравие Мери,
Ставя кубок на стол.

Сентябрь выметает широкой метлой

Сентябрь выметает широкой метлой
Жучков, паучков с паутиной сквозной,
Истерзанных бабочек, ссохшихся ос,
На сломанных крыльях разбитых стрекоз,
Их круглые линзы, бинокли, очки,
Чешуйки, распорки, густую пыльцу,
Их усики, лапки, зацепки, крючки,
Оборки, которые были к лицу.

Сентябрь выметает широкой метлой
Хитиновый мусор, наряд кружевной,
Как если б директор балетных теплиц
Очнулся и сдунул своих танцовщиц.
Сентябрь выметает метлой со двора,
За поле, за речку и дальше, во тьму,
Манжеты, застежки, плащи, веера,
Надежды на счастье, батист, бахрому.

Прощай, моя радость! До кладбища ос,
До свалки жуков, до погоста слепней,
До царства Плутона, до высохших слез,
До блеклых, в цветах, элизийских полей!

Ваза

На античной вазе выступает
Человечков дивный хоровод.
Непонятно, кто кому внимает,
Непонятно, кто за кем идёт.

Глубока старинная насечка.
Каждый пляшет и чему-то рад.
Среди них найду я человечка
С головой, повернутой назад.

Он высоко ноги поднимает
И вперёд стремительно летит,
Но как будто что-то вспоминает
И назад, как в прошлое, глядит.

Что он видит? Горе неуместно.
То ли машет милая рукой,
То ли друг взывает – неизвестно!
Оттого и грустный он такой.

Старый мастер, резчик по металлу
Жизнь мою в рисунок разверни,
Я пойду кружиться до отвала
И плясать не хуже, чем они.

И в чужие вслушиваться речи,
И под бубен прыгать невпопад,
Как печальный этот человечек
С головой, повернутой назад.

1962

Там льдистый занавес являет нам зима…

Там льдистый занавес являет нам зима,
Весной подточенная; там блестит попона;
Там серебристая, вся в узелках, тесьма;
Там скатерть съехала и блещет бахрома
Её стеклянная, и капает с балкона;

Там щётка видится; там частый гребешок;
Там остов трубчатый, коленчатый органа;
Там в снег запущенный орлиный коготок,
Моржовый клык, собачий зуб, бараний рог;
Там шкурка льдистая, как кожица с банана;

Свеча оплывшая; колонны капитель
В саду мерещится; под ней кусок колонны
Брусок подмокший льда, уложенный в постель,
Увитый инеем, так обвивает хмель
Руины где-нибудь в Ломбардии зелёной.

Всё это плавится, слипается, плывёт,
Мы на развалинах зимы с тобой гуляем.
Культура некая, оправленная в лёд,
В слезах прощается и трещину даёт,
И воздух мартовский мы, как любовь, вдыхаем.

АЛЕКСАНДР ПУШКИН

Дорожные жалобы

Долго ль мне гулять на свете
То в коляске, то верхом,
То в кибитке, то в карете,
То в телеге, то пешком?

Не в наследственной берлоге,
Не средь отческих могил,
На большой мне, знать, дороге
Умереть господь судил,

На каменьях под копытом,
На горе под колесом,
Иль во рву, водой размытом,
Под разобранным мостом.

Иль чума меня подцепит,
Иль мороз окостенит,
Иль мне в лоб шлагбаум влепит
Непроворный инвалид.

Иль в лесу под нож злодею
Попадуся в стороне,
Иль со скуки околею
Где-нибудь в карантине.

Долго ль мне в тоске голодной
Пост невольный соблюдать
И телятиной холодной
Трюфли Яра поминать?

То ли дело быть на месте,
По Мясницкой разъезжать,
О деревне, о невесте
На досуге помышлять!

То ли дело рюмка рома,
Ночью сон, поутру чай;
То ли дело, братцы, дома!..
Ну, пошел же, погоняй!..

Английская баллада

Ворон к ворону летит,
ворон ворону кричит.
 "Ворон, где б нам отобедать?
Как бы нам о том проведать?"

Ворон ворону в ответ:
"Знаю будет нам обед,
в чистом поле под ракитой
богатырь лежит убитый.

Кем убит и отчего —
знает сокол лишь его,
да кобылка вороная,
да хозяйка молодая.

Сокол в рощу улетел,
на кобылку недруг сел
а хозяйка ждёт милого,
не убитого, живого."

1828

АПОЛЛОН ГРИГОРЬЕВ

Цыганская венгерка (вариант)

Две гитары, зазвенев,
Жалобно заныли...
С детства памятный напев,
Милый – это ты ли?!

Эх, раз, еще раз,
Еще много, много раз!

Это ты, я узнаю
Ход твой в ре-миноре,
И мелодию твою
В частом переборе.

Как тебя мне не узнать?!
На тебе лежит печать
Буйного веселья,
Горького похмелья...

Это ты, загул лихой,
Около пунша грелки,
И мелодия твоя,
На мотив венгерки!

Квинты резко дребезжат,
Сыплют дробью звуки...
Звуки ноют и визжат,
Словно стоны муки.

Вот проходка по баскам
С удалью небрежной,
А за нею – звон и гам
Буйный и мятежный.

Перебор...и квинта вновь
Ноет-завывает.
Приливает к сердцу кровь,
Голова пылает.

1857

БОРИС ДАЕВ

Голубой Тюльпан

Муз. А. Вертинского

Матросы мне пели про остров
Где растет голубой тюльпан.
Он большим отличается ростом
Он огромный и злой великан.

А я пил горькое пиво,
Улыбаясь глубиной души.
Так редко поют красиво
В нашей земной глуши.

Гитара аккордом несложным
Заполняла пробелы слов.
Напомнила неосторожно
Что музыка как любовь.
Что музыка как любовь.

И я пил горькое пиво,
Улыбаясь глубиной души.
Так редко поют красиво
В нашей земной глуши.

Мелькали вокруг чьи-то лица,
Гитара уплыла вдаль.
Матросы запели про птицу
Которой несчастных жаль.

У ней стеклянные перья,
И слуга седой попугай.
Она открывает двери
Матросам попавшим в рай.

Как трудно на свете этом
Одной только песней жить.
Я больше не буду поэтом
Я в море хочу уплыть!

АЛЕКСАНДР ВЕРТИНСКИЙ

То, что я должен сказать

Песня посвящалась юнкерам, погибшим в Москве во время Октябрьского вооружённого восстания 1917 года и похороненным на Московском Братском кладбище. Об этом в мемуарах писал сам Вертинский: „Вскоре после октябрьских событий я написал песню „То, что я должен сказать“. Написана она была под впечатлением смерти московских юнкеров, на похоронах которых я присутствовал". По поводу этой песни, полной сочувствия к врагам большевиков, Александра Вертинского вызывали в ЧК для объяснений. Согласно легенде, Вертинский тогда сказал: „Это же просто песня, и потом, вы же не можете запретить мне их жалеть!". На это ему ответили: „Надо будет, и дышать запретим!".

Я не знаю, зачем и кому это нужно,
Кто послал их на смерть недрожавшей рукой,
Только так беспощадно, так зло и ненужно
Опустили их в вечный покой.

Осторожные зрители молча кутались в шубы,
И какая-то женщина с искаженным лицом
Целовала покойника в посиневшие губы
И швырнула в священника обручальным кольцом.

Закидали их елками, замесили их грязью
И пошли по домам, под шумок толковать,
Что пора положить бы конец безобразию,
Что и так уже скоро мы начнем голодать.

Но никто не додумался просто стать на колени
И сказать этим мальчикам, что в бездарной стране
Даже светлые подвиги – это только ступени
В бесконечные пропасти к недоступной весне!

Я не знаю, зачем и кому это нужно,
Кто послал их на смерть недрожавшей рукой,
Только так беспощадно, так зло и ненужно
Опустили их в вечный покой.

1917

ЮРИЙ ЛЕВИТАНСКИЙ

Прощание с книгой

Нескончаемой спирали бесконечные круги.
Снизу вверх пролеты лестницы — беги по ним, беги.
Там, вверху, под самой крышей, в темноте горит окно…
Жизнь моя, кинематограф, черно-белое кино!
Я люблю сюжет старинный, где с другими наравне
я не первый год играю роль, доставшуюся мне.
И, безвестный исполнитель, не расстраиваюсь я,
что в больших твоих афишах роль не значится моя,
что в различных этих списках исполнителей ролей
среди множества фамилий нет фамилии моей.
Все проходит в этом мире, снег сменяется дождем,
все проходит, все проходит, мы пришли, и мы уйдем.
Все приходит и уходит в никуда из ничего.
Все проходит, но бесследно не проходит ничего.
И, участвуя в сюжете, я смотрю со стороны,
как текут мои мгновенья, мои годы, мои сны,
как сплетается с другими эта тоненькая нить,
где уже мне, к сожаленью, ничего не изменить,
потому что в этой драме, будь ты шут или король,
дважды роли не играют, только раз играют роль.
И над собственною ролью плачу я и хохочу,
по возможности достойно доиграть свое хочу —
ведь не мелкою монетой, жизнью собственной плачу
и за то, что горько плачу, и за то, что хохочу.

Сон об уходящем поезде

Один и тот же сон мне повторяться стал.
Мне снится, будто я от поезда отстал.
Один, в пути, зимой, на станцию ушел,
а скорый поезд мой пошел, пошел, пошел.
И я хочу бежать за ним – и не могу,
и чувствую сквозь сон, что все-таки бегу,
и в замкнутом кругу сплетающихся трасс
вращение земли перемещает нас –
вращение земли, вращение полей,
вращение вдали берез и тополей,
столбов и проводов, разъездов и мостов,
попутных поездов и встречных поездов.
Но в том еще беда, и, видно, неспроста,
что не годятся мне другие поезда.
Мне нужен только тот, что мною был обжит.
Там мой настольный свет от скорости дрожит.
Там любят лечь – так лечь, а рубят – так с плеча.
Там речь гудит, как печь, красна и горяча.
Мне нужен только он, азарт его и пыл.
Я знаю тот вагон. Я номер не забыл.
Он снегом занесен, он в угле и в дыму.
И я приговорен пожизненно к нему.
Мне нужен этот снег. Мне сладок этот дым,
встающий высоко над всем пережитым.
И я хочу за ним бежать – и не могу.
И все-таки сквозь сон мучительно бегу,
и в замкнутом кругу сплетающихся трасс
вращение земли перемещает нас.

Отмечая времени быстрый ход…

Феликсу Светову

Отмечая времени быстрый ход,
моя тень удлиняется, что ни год,
что ни год удлиняется, что ни день,
все длиннее становится моя тень.

Вот уже осторожно легла рука
на какие-то пастбища и луга.
Вот уже я легонько плечом задел
за какой-то горный водораздел.

Вот уже легла моя голова
на какие-то теплые острова.
А она все движется, моя тень,
все длиннее становится, что ни день,

а однажды, вдруг, на исходе дня
и совсем отделяется от меня.

И когда я уйду от вас в некий день,
в некий день уйду от вас, в некий год, —
здесь останется легкая моя тень,
тень моих надежд и моих невзгод,

полоса, бегущая за кормой,
очертанье, контур неясный мой…
Словом, так ли, этак ли — в некий час
моя тень останется среди вас,

среди вас, кто знал меня и любил,
с кем я песни пел, с кем я водку пил,
с кем я щи хлебал и дрова рубил,
среди вас, которых и я любил.

Будет тень моя тихо у вас гостить,
и неслышно в ваши дома стучать,
и за вашим скорбным столом грустить,
и на вашем шумном пиру молчать.

Лишь когда последний из вас уйдет,
навсегда окончив свой путь земной,
моя тень померкнет, на нет сойдет,
и пойдет за мной, и пойдет за мной,

чтобы там исчезнуть среди корней,
чтоб растаять дымкою голубой, —
ибо мир предметов и мир теней
все же прочно связаны меж собой.

Так живите долго, мои друзья.
Исполать вам, милые. В добрый час.

И да будет тень моя среди вас.
И да будет жизнь моя среди вас.

Ялтинский домик

Вежливый доктор в старинном пенсне
                                и с бородкой,
вежливый доктор с улыбкой застенчиво-кроткой,
как мне ни странно и как ни печально, увы, —
старый мой доктор, я старше сегодня, чем вы.

Годы проходят, и, как говорится, сик транзит
глория мунди, — и все-таки это нас дразнит.
Годы куда-то уносятся, чайки летят.
Ружья на стенах висят, да стрелять не хотят.

Грустная желтая лампа в окне мезонина.
Чай на веранде, вечерних теней мешанина.
Белые бабочки вьются над желтым огнем.
Дом заколочен, и все позабыли о нем.

Дом заколочен, и нас в этом доме забыли.
Мы еще будем когда-то, но мы уже были.
Письма на полке пылятся – забыли прочесть.
Мы уже были когда-то, но мы еще есть.

Пахнет грозою, в погоде видна перемена.
Это ружье еще выстрелит –
                                о, непременно!
Съедутся гости, покинутый дом оживет.
Маятник медный качнется, струна запоет...

Дышит в саду запустелом ночная прохлада.
Мы старомодны, как запах вишневого сада.
Нет ни гостей, ни хозяев, покинутый дом.
Мы уже были, но мы еще будем потом.

Старые ружья на выцветших старых обоях.
Двое идут по аллее – мне жаль их обоих.
Тихий, спросонья, гудок парохода в порту.
Зелень крыжовника, вкус кисловатый во рту.

Все уже круг друзей, тот узкий круг…

Все уже круг друзей, тот узкий круг,
где друг моих друзей – мне тоже друг,
и брат моих друзей – мне тоже брат,
и враг моих друзей – мне враг стократ.
Все уже круг друзей, все уже круг
знакомых лиц и дружественных рук.
Все шире круг потерь, все глуше зов
ушедших и умолкших голосов.
Уже друзей могу по пальцам счесть,
да ведь и то спасибо, если есть.
Но все плотней с годами, все плотней
невидимых разрывов полоса.
Но все трудней с годами, все трудней
вычеркивать из книжки адреса –
вычеркивать из книжки имена,
вычеркивать, навечно забывать,
вычеркивать из книжки времена,
которым уже больше не бывать,
вычеркивать, вести печальный счет,
последний счет вести начистоту –
как тот обратный медленный отсчет
перед полетом в бездну, в пустоту,
когда уже – прощайте насовсем,
когда уже – спасибо, если есть,
в последний раз вычеркивая – семь,
в последний раз отбрасывая – шесть,
в последний раз отсчитывая – пять,
и до конца – отсчитывая вспять,
до той черты, когда уже не вдруг –
четыре, три – и разомкнется круг.
Распался круг – прощайте – круга нет.
Распался – ни упреков, ни обид.
Спокойное движение планет
по разобщенным эллипсам орбит.
И пустота, ее надменный лик
все так же ясен, грозен и велик.

Кто-нибудь утром проснется сегодня и ахнет...

Кто-нибудь утром проснется сегодня и ахнет,
и удивится – как близко черемухой пахнет,
пахнет влюбленностью, пахнет любовным признаньем,
жизнь впереди – как еще не раскрытая книга.

Кто-нибудь утром проснется сегодня и ахнет,
и удивится – как быстро черемуха чахнет,
сохнет под окнами деревце, вьюгою пахнет,
пахнет снегами, морозом, зимой, холодами.

Кто-нибудь утром сегодня совсем не проснется,
кто-нибудь тихо губами к губам прикоснется
и задохнется – как пахнет бинтами и йодом,
и стеарином, и свежей доскою сосновой.

В утреннем воздухе пахнет бинтами и йодом,
и стеарином, и свежей доскою сосновой,
пахнет снегами, морозом, зимой, холодами
и – ничего не поделать – черемухой пахнет.

Пахнет черемухой в утреннем воздухе раннем.
Пахнет влюбленностью, пахнет любовным признаньем.
Что бы там ни было с нами, но снова и снова
пахнет черемухой – и ничего не поделать!

На шумном пиру отпирую…

На шумном пиру отпирую,
а после, допивши вино,
все страсти свои зашифрую,
лишь имя оставлю одно.

А может быть, даже не имя,
не полный рисунок его,
а только две буквы начальных
останутся вместо него.

Останутся инициалы
на белой странице одной,
как бедные провинциалы
в безлюдье столицы ночной.

Уснули троллейбусы в парке,
трамваи не ходят давно.
В чужом опустевшем квартале
последнее гаснет окно.

И нет ни друзей, ни знакомых,
ни дальней хотя бы родни.
И только вокзалов полночных
распахнуты двери одни.

ДАВИД САМОЙЛОВ

Маркитант

Фердинанд, сын Фердинанда,
Из утрехтских Фердинандов
Был при войске Бонапарта
Маркитант из маркитантов.

Впереди гремят тамбуры,
Трубачи глядят сурово.
Позади плетутся фуры
Маркитанта полкового.

Предок полулегендарный,
Блудный отпрыск ювелира
Понял, что нельзя бездарней
Жить, не познавая мира.

Не караты, а кареты.
Уйма герцогов и свиты.
Офицеры разодеты.
Рядовые крепко сшиты.

Бонапарт короны дарит
И печёт свои победы.
Фердинанд печёт и жарит
Офицерские обеды.

Бонапарт диктует венским,
И берлинским, и саксонским.
Фердинанд торгует рейнским,
И туринским, и бургонским.

Бонапарт идёт за Неман,
Что весьма неблагородно.
Фердинанд девицу Нейман
Умыкает из-под Гродно.

Русский дух, зима ли, бог ли
Бонапарта покарали.
На обломанной оглобле
Фердинанд сидит в печали.

Вьюга пляшет круговую.
Снег валит в пустую фуру.
Ах, порой в себе я чую
Фердинандову натуру!..

Я не склонен к аксельбантам,
Не мечтаю о геройстве.
Я б хотел быть маркитантом
При огромном свежем войске.

1973

Из детства

Я – маленький, горло в ангине.
За окнами падает снег.
И папа поёт мне: "Как ныне
Сбирается вещий Олег…"

Я слушаю песню и пла́чу,
Рыданье в подушке душу́,
И слёзы постыдные прячу,
И дальше, и дальше прошу.

Осеннею мухой квартира
Дремо́тно жужжит за стеной.
И плачу над бренностью мира
Я – маленький, глупый, больной.

1956

Прощание юнака

Ты скажи, в стране какой,
в дальнем городе каком
мне куют за упокой
сталь-винтовку со штыком?

Грянет выстрел. Упаду,
пулей быстрою убит.
Каркнет ворон на дубу
и в глаза мне поглядит.

В этот час у нас в дому
мать уронит свой кувшин
и промолвит: – Ах, мой сын! –
И промолвит: – Ах, мой сын!..

Если в город Банья Лука
ты приедешь как-нибудь,
остановишься у бука
сапоги переобуть,

ты пройди сперва базаром,
выпей доброго вина,
а потом в домишке старом
мать увидишь у окна.

Ты взгляни ей в очи прямо,
так, как ворон мне глядит.
Пусть не знает моя мама,
что я пулею убит.

Ты скажи, что бабу-ведьму
мне случилось полюбить.
Ты скажи, что баба-ведьма
мать заставила забыть.

Мать уронит свой кувшин,
мать уронит свой кувшин.
И промолвит: – Ах, мой сын! –
И промолвит: – Ах, мой сын!..

За городом

Тот запах вымытых волос,
Благоуханье свежей кожи!
И поцелуй в глаза: от слез
Соленые, и в губы тоже.
И кучевые облака,
Курчавящиеся над чащей.
И спящая твоя рука,
И спящий лоб, и локон спящий.

Повремени, певец разлук!
Мы скоро разойдемся сами.
Не разлучай уста с устами,
Не разнимай сплетенных рук.
Не разнимай сплетенных рук,
Не разлучай уста с устами.
Мы скоро разойдемся сами.
Повремени, певец разлук!

Ведь кучевые облака
Весь день курчавятся над чащей.
И слышится издалека
Дневной кукушки счет горчащий.
Не лги, не лги, считая дни,
Кукушка, – мы живем часами…

Певец разлук, повремени!
Мы скоро разойдемся сами.
Повремени, певец разлук!
Мы скоро разойдемся сами.
Не разлучай уста с устами,
Не разнимай сплетенных рук.
Не разнимай сплетенных рук,
Не разлучай уста с устами.
Мы скоро разойдемся сами.
Повремени, певец разлук!

1991 г.

Романс

Воссоздай, повтори, возверни
Жизнь мою, но ясней и короче,
Слей в единую ночь мои ночи
И в единственный день мои дни.

Слей в единую ночь мои ночи
И в единственный день мои дни.

День единственный, долгий, единый,
Ночь одна, что прожить мне дано.
А под утро отлет лебединый –
Крик один и прощанье одно.

А под утро отлет лебединый –
Крик один и прощанье одно.

1989

АЛЕКСАНДР ГАЛИЧ

Смерть юнкеров, или Памяти Живаго

*"...Два вола, впряженные в арбу, медленно поднимались на крутой холм.
Несколько грузин сопровождали арбу. "Откуда вы?" – спросил я их.
– "Из Тегерана". – "Что везете?" – "Грибоеда"."*

А. Пушкин
"Путешествие в Эрзерум"

Опять над Москвою пожары,
И грязная наледь в крови.
И это уже не татары,
Похуже Мамая – свои!

В предчувствии гибели низкой
Октябрь разыгрался с утра,
Цепочкой, по Малой Никитской
Прорваться хотят юнкера.

Не надо, оставьте, отставить!
Мы загодя знаем итог.
А снегу придется растаять
И с кровью уплыть в водосток.

Но катится снова и снова –
"Ура!" – сквозь глухую пальбу.
И челка московского сноба
Под выстрелы пляшет на лбу.

А ты до беспамятства рада,
У Иверской купишь цветы,
Сидельцев Охотного ряда
Поздравишь с победою ты.

Ты скажешь – "Пахнуло озоном,
Трудящимся дали права!"
И город малиновым звоном
Ответит на эти слова.

О, Боже мой, Боже мой, Боже!
Кто выдумал эту игру...
И снова погода, похоже,
Испортиться хочет к утру.

Предвестьем Всевышнего гнева,
Посыплется с неба крупа,
У церкви Бориса и Глеба
Сойдется в молчаньи толпа.

И тут ты заплачешь. И даже
Пригнешься от боли тупой.
А кто-то, нахальный и ражий,
Взмахнет картузом над толпой.

Нахальный, воинственый, ражий
Пойдет баламутить народ...
Повозки с кровавой поклажей
Скрипят у Никитских ворот.

Так вот она, ваша победа,
"Заря долгожданного дня!"
"Кого там везут?" – "Грибоеда".
Кого отпевают? – Меня!

125

От беды моей пустяковой…

От беды моей пустяковой
(Хоть не прошен и не в чести),
Мальчик с дудочкой тростниковой,
Постарайся меня спасти!

Сатанея от мелких каверз,
Пересудов и глупых ссор,
О тебе я не помнил, каюсь,
И не звал тебя до сих пор.

И, как все горожане грешен,
Не искал я твой детский след,
Не умел замечать скворешен
И не помнил, как пахнет свет.

…Свет ложился на подоконник,
Затевал на полу возню,
Он – охальник и беззаконник –
Забирался под простыню.

Разливался, пропахший светом,
Голос дудочки в тишине…
Только я позабыл об этом
Навсегда, как казалось мне.

В жизни глупой и бестолковой,
Постоянно сбиваясь с ног,
Пенье дудочки тростниковой
Я сквозь шум различить не смог.

Но однажды, в дубовой ложе,
Я, поставленный на правеж,
Вдруг такие увидел рожи –
Пострашней балаганьих рож!

Не медведи, не львы, не лисы,
Не кикимора и сова, –
Были лица – почти как лица,
И почти как слова – слова.

За квадратным столом, по кругу,
В ореоле моей вины,
Все твердили они друг другу,
Что они друг другу верны!

И тогда, как свеча в потемки,
Вдруг из дальних приплыл годов
Звук пленительный и негромкий
Тростниковых твоих ладов.

И отвесив, я думал, – дерзкий,
А на деле смешной поклон,
Я под наигрыш этот детский
Улыбнулся и вышел вон.

В жизни прежней и жизни новой
Навсегда, до конца пути,
Мальчик с дудочкой тростниковой,
Постарайся меня спасти!

1972

Облака плывут

Облака плывут, облака,
Не спеша плывут, как в кино.
А я цыпленка ем табака,
Я коньячку принял полкило.

Облака плывут в Абакан,
Не спеша плывут облака...
Им тепло небось, облакам,
А я продрог насквозь, на века!

Я подковой вмерз в санный след,
В лед, что я кайлом ковырял!
Ведь недаром я двадцать лет
Протрубил по тем лагерям.

До сих пор в глазах – снега наст!
До сих пор в ушах – шмона гам!..
Эй, подайте мне ананас
И коньячку еще двести грамм!

Облака плывут, облака,
В милый край плывут, в Колыму,
И не нужен им адвокат,
Им амнистия – ни к чему.

Я и сам живу – первый сорт!
Двадцать лет, как день, разменял!
Я в пивной сижу, словно лорд,
И даже зубы есть у меня!

Облака плывут на восход,
Им ни пенсии, ни хлопот...
А мне четвертого – перевод,
И двадцать третьего – перевод.

И по этим дням, как и я,
Полстраны сидит в кабаках!
И нашей памятью в те края
Облака плывут, облака.

И нашей памятью в те края
Облака плывут, облака...

1962

Слава героям

У лошади была грудная жаба,
Но лошадь, как известно, не овца,
И лошадь на парады выезжала,
И маршалу про жабу ни словца!

А маршал, бедный, мучился от рака,
Но тоже на парады выезжал,
Он мучился от рака, но, однако,
Он лошади об этом не сказал!

Нам этот факт Великая Эпоха
Воспеть велела в песнях и стихах,
Хоть лошадь та давным-давно издохла,
А маршала сгноили в Соловках!

1961

Гусарская песня

По рисунку палешанина
Кто-то выткал на ковре
Александра Полежаева
В чёрной бурке на коне.
Тезка мой и зависть тайная,
Сердце горем горячи!
Зависть тайная – летальная,
Как сказали бы врачи.

  Славно, братцы,
  Славно, братцы,
  Славно, братцы-егеря!
  Славно, братцы-егеря,
  Рать любимая царя!
  Ах, кивера да ментики,
  Ах, соколы-орлы!
  Кому вы в сердце метили,
  Лепажевы стволы?
  ...Не мне ль вы в сердце мстили,
  Лепажевы стволы?!

А беда явилась за полночь,
Но не пулею в висок, –
Просто в путь, в ночную заволочь,
Важно тронулся возок.
И не спеть, не выпить водочки,
Не держать в руке бокал!
Едут трое: сам в серёдочке,
Два жандарма по бокам.

Славно, братцы,
Славно, братцы,
Славно, братцы-егеря!
Славно, братцы-егеря,
Рать любимая царя!
Ах, кивера да ментики,
Пора бы выйти в знать!
Но этой арифметики
Поэтам не узнать.
...Ни прошлым и ни будущим
Поэтам не узнать!

Где ж друзья твои, ровесники?
Некому тебя спасать!
Началось всё дело с песенки,
А потом – пошла писать!
И по мукам, как по лезвию…
Размышляй теперь о том –
То ли броситься в поэзию,
То ли сразу в жёлтый дом…

Славно, братцы,
Славно, братцы,
Славно, братцы-егеря!
Славно, братцы-егеря,
Рать любимая царя!
Ах, кивера да ментики,
Возвышенная речь!
А всё-таки наветики
Страшнее, чем картечь!
…Доносы и наветики
Страшнее, чем картечь!..

По рисунку палешанина
Кто-то выткал на ковре
Александра Полежаева
В чёрной бурке на коне.
Но оставь, художник, вымысел,
Нас в герои не крои;
Нам не знамя жребий вывесил –
Носовой платок в крови…

Славно, братцы,
Славно, братцы,
Славно, братцы-егеря!
Славно, братцы-егеря,
Рать любимая царя!
Ах, кивера да ментики,
Нерукотворный стяг!
И дело тут не в метрике,
Столетие – пустяк!
…Столетие, столетие,
  Столетие – пустяк…

1965

АНАТОЛИЙ ЖИГУЛИН

Соловецкая чайка

Соловецкая чайка
Всегда голодна.
Замирает над пеною
Жалобный крик.
И свинцовая
Горькая катит волна
На далекий туманный
Пустой материк.

А на белом песке —
Золотая лоза.
Золотая густая
Лоза-шелюга.
И соленые брызги
Бросает в глаза,
И холодной водой
Обдает берега.

И обветренным
Мокрым куском янтаря
Над безбрежием черных
Дымящихся вод,
Над холодными стенами
Монастыря
Золотистое солнце
В тумане встает...

Только зыбкие тени
Развеянных дум.
Только горькая стылая.
Злая вода.
Ничего не решил
Протопоп Аввакум.
Все осталось как было.
И будет всегда.

Только серые камни
Лежат не дыша.
Только мохом покрылся
Кирпичный карниз.
Только белая чайка –
Больная душа –
Замирает, кружится
И падает вниз.

1973

ИОСИФ БРОДСКИЙ

Рождественский романс

Плывет в тоске необъяснимой среди кирпичного надсада
ночной кораблик негасимый из Александровского сада,
ночной фонарик нелюдимый, на розу желтую похожий,
над головой своих любимых, у ног прохожих.

Плывет в тоске необъяснимой пчелиный хор сомнамбул, пьяниц.
В ночной столице фотоснимок печально сделал иностранец,
и выезжает на Ордынку такси с больными седоками,
и мертвецы стоят в обнимку с особняками.

Плывет в тоске необъяснимой певец печальный по столице,
стоит у лавки керосинной печальный дворник круглолицый,
спешит по улице невзрачной любовник старый и красивый.
Полночный поезд новобрачный плывет в тоске необъяснимой.

Плывет во мгле замоскворецкой пловец в несчастие случайный,
блуждает выговор еврейский на желтой лестнице печальной,
и от любви до невеселья под Новый год, под воскресенье,
плывет красотка записная, своей тоски не объясняя.

Плывет в глазах холодный вечер, дрожат снежинки на вагоне,
морозный ветер, бледный ветер обтянет красные ладони,
и льется мед огней вечерних, и пахнет сладкою халвою,
ночной пирог несет сочельник над головою.

Твой Новый год по темно-синей волне средь шума городского
плывет в тоске необъяснимой, как будто жизнь начнется снова,
как будто будут свет и слава, удачный день и вдоволь хлеба,
как будто жизнь качнется вправо, качнувшись влево.

Июнь 1988,
Баку

Романс скрипача

(Из поэмы "Шествие")

Тогда, когда любовей с нами нет,
тогда, когда от холода горбат,
достань из чемодана пистолет,
достань и заложи его в ломбард.

Купи на эти деньги патефон
И где-нибудь на свете потанцуй,
(в затылке нарастает перезвон),
ах, ручку патефона поцелуй.

Да, слушайте советы Скрипача,
как следует стреляться сгоряча:
не в голову, а около плеча!
Живите только, плача и крича!

На блюдечке я сердце понесу
и где-нибудь оставлю во дворе,
Друзья, ах, догадайтесь по лицу,
что сердце не отыщется в дыре,

проделанной на розовой груди,
И только патефоны впереди,
И только струны-струны, провода,
И только в горле красная вода.

Сентябрь-ноябрь 1961.
Ленинград

Прощанье с Родиной

Мне говорят, что надо уезжать.
Да-да. Благодарю. Я собираюсь.
Да-да. Я понимаю. Провожать
не следует, и я не потеряюсь.

Ах, что вы говорите – дальний путь...
Какой-нибудь случайный полустанок...
Ах, нет, не беспокойтесь. Как-нибудь.
Я вовсе налегке, без чемоданов.

Да-да. Пора идти. Благодарю.
Да-да. Пора. И каждый понимает...
Безрадостную зимнюю зарю
над Родиной деревья подымают.

Все кончено! Не стану возражать.
Ладони бы пожать – и до свиданья.
Я выздоровел – нужно уезжать.
Да-да. Благодарю за расставанье!

Вези меня по Родине, такси,
как будто бы я адрес забываю.
В оглохшие поля меня внеси –
я, видишь ли, с Отчизны выбываю...

Как будто бы я адрес позабыл,
к окошку запотевшему приникну,
и над рекой, которую любил,
я расплачусь и лодочника кликну.

Все кончено, теперь я не спешу.
Кати назад спокойно, ради Бога.
Я в небо погляжу и подышу
холодным ветром берега другого...

Ну, вот и все. Подходит переезд.
Кати назад, не чувствуя печали!
Когда войдешь на Родине в подъезд,
я к берегу пологому причалю.

Мне говорят, что надо уезжать.
Да-да. Благодарю. Я собираюсь.
Да-да. Я понимаю. Провожать
Не следует, и я не потеряюсь.

Письма римскому другу

Из Марциала

* * *

Нынче ветрено и волны с перехлёстом.
Скоро осень, всё изменится в округе.
Смена красок этих трогательней, Постум,
Чем наряда перемены у подруги.

Дева тешит до известного предела –
Дальше ло́ктя не пойдёшь или колена.
Сколь же радостней прекрасное вне тела:
Ни объятье невозможно, ни измена!

* * *

Посылаю тебе, Постум, эти книги
Что в столице? Мягко стелют? Спать не жёстко?
Как там Цезарь? Чем он занят? Всё интриги?
Всё интриги, вероятно, да обжорство.

Я сижу в своём саду, горит светильник.
Ни подруги, ни прислуги, ни знакомых.
Вместо слабых мира этого и сильных –
Лишь согласное гуденье насекомых.

* * *

Здесь лежит купец из Азии, толковым
Был купцом он – деловит, но незаметен.
Умер быстро: лихорадка. По торговым
Он делам сюда приплыл, а не за этим.

Рядом с ним – легионер, под грубым кварцем.
Он в сражениях Империю прославил.
Столько раз могли убить! а умер старцем.
Даже здесь не существует, Постум, правил.

* * *

Пусть и вправду, Постум, курица не птица,
Но с куриными мозгами хватишь горя.
Если выпало в Империи родиться,
Лучше жить в глухой провинции у моря.

135

И от Цезаря далёко, и от вьюги.
Лебези́ть не нужно, трусить, торопиться.
Говоришь, что всё наместники – ворюги?
Но ворюга мне милей, чем кровопийца.

Этот ливень переждать с тобой, гетера,
Я согласен, но давай-ка без торговли:
Брать сестерций с покрывающего тела
Всё равно, что дранку требовать у кровли.

Протекаю, говоришь? Но где же лужа?
Чтобы лужу оставлял я, не бывало.
Вот найдёшь себе какого-нибудь мужа,
Он и будет протекать на покрывало.

Вот и про́жили мы больше половины.
Как сказал мне старый раб перед таверной:
"Мы, оглядываясь, видим лишь руины".
Взгляд, конечно, очень варварский, но верный.

Был в горах. Сейчас вожусь с большим букетом.
Разыщу большой кувшин, воды налью им…
Как там в Ливии, мой Постум, – или где там?
Неужели до сих пор ещё воюем?

Помнишь, Постум, у наместника сестрица?
Худощавая, но с полными ногами.
Ты с ней спал ещё… Недавно стала жрица.
Жрица, Постум, и общается с богами.

Приезжай, попьём вина, закусим хлебом.
Или сливами. Расскажешь мне известья.
Постелю тебе в саду под чистым небом
И скажу, как называются созвездья.

* * *

Скоро, Постум, друг твой, любящий сложенье,
Долг свой давний вычитанию заплатит.
Забери из-под подушки сбереженья,
Там немного, но на по́хороны хватит.

Поезжай на вороно́й своей кобыле
В дом гетер под городскую нашу стену.
Дай им цену, за которую любили,
Чтоб за ту же и оплакивали цену.

* * *

Зелень лавра, доходящая до дрожи.
Дверь распахнутая, пыльное оконце.
Стул покинутый, оставленное ложе.
Ткань, впитавшая полу́денное солнце.

Понт шумит за чёрной изгородью пиний.
Чьё-то судно с ветром борется у мыса.
На рассохшейся скамейке – Старший Плиний.
Дрозд щебечет в шевелюре кипариса.

март 1972

Лили Марлен

Слова: Hans Leip в переводе И.Бродского

Возле казармы, в свете фонаря
кружатся попарно листья сентября,
Ах как давно у этих стен
я сам стоял,
стоял и ждал
тебя, Лили Марлен,

Если в окопах от страха не умру,
если мне снайпер не сделает дыру,
если я сам не сдамся в плен,
то будем вновь
крутить любовь
с тобой, Лили Марлен,

Лупят ураганным, Боже помоги,
я отдам Иванам шлем и сапоги,
лишь бы разрешили мне взамен
под фонарем
стоять вдвоем
с тобой, Лили Марлен,

Есть ли что банальней смерти на войне
и сентиментальней встречи при луне,
есть ли что круглей твоих колен,
колен твоих,
Ich liebe dich,
моя Лили Марлен,

Кончатся снаряды, кончится война,
возле ограды, в сумерках одна,
будешь ты стоять у этих стен,
во мгле стоять,
стоять и ждать
меня, Лили Марлен,
меня, Лили Марлен.

1867

В ночном саду под гроздью зреющего манго
Максимильян танцует то, что станет танго.
Тень воз – вращается подобьем бумеранга,
температура, как под мышкой, тридцать шесть.
Мелькает белая жилетная подкладка.
Мулатка тает от любви, как шоколадка,
в мужском объятии посапывая сладко.
Где надо – гладко, где надо – шерсть.
В ночной тиши под сенью девственного леса
Хуарец, действуя как двигатель прогресса,
забывшим начисто, как выглядят два песо,
пеонам новые винтовки выдает.
Затворы клацают; в расчерченной на клетки
Хуарец ведомости делает отметки.
И попугай весьма тропической расцветки
сидит на ветке и так поет:
Презренье к ближнему у нюхающих розы
пускай не лучше, но честней гражданской позы.
И то, и это порождает кровь и слезы.
Тем паче в тропиках у нас, где смерть, увы,
распространяется, как мухами – зараза,
иль как в кафе удачно брошенная фраза,
и где у черепа в кустах всегда три глаза,
и в каждом – пышный пучок травы.

1975

АРСЕНИЙ ТАРКОВСКИЙ

Вечерний, сизокрылый …

Вечерний, сизокрылый,
благословенный свет...
Я, словно из могилы,
смотрю тебе вослед.

Благодарю за каждый
глоток воды живой,
в часы последней жажды,
подаренной тобой;

за каждое движенье
твоих правдивых рук,
за то, что утешенья
не нахожу вокруг;

за то, что ты надежды
уводишь, уходя,
и край твоей одежды –
из ветра и дождя...

БОРИС ПАСТЕРНАК

Мело, мело по всей земле, во все пределы…

Мело, мело по всей земле
Во все пределы.
Свеча горела на столе,
Свеча горела.

Как летом роем мошкара
Летит на пламя,
Слетались хлопья со двора
К оконной раме.

Метель лепила на стекле
Кружки и стрелы.
Свеча горела на столе,
Свеча горела.

На озаренный потолок
Ложились тени,
Скрещенья рук, скрещенья ног,
Судьбы скрещенья.

И падали два башмачка
Со стуком на пол.
И воск слезами с ночника
На платье капал.

И все терялось в снежной мгле
Седой и белой.
Свеча горела на столе,
Свеча горела.

На свечку дуло из угла,
И жар соблазна
Вздымал, как ангел, два крыла
Крестообразно.

Мело весь месяц в феврале,
И то и дело
Свеча горела на столе,
Свеча горела.

1946

Свидание

Засыпет снег дороги,
Завалит скаты крыш.
Пойду размять я ноги,
За дверью ты стоишь.

Одна, в пальто осеннем,
Без платья, без калош,
Ты борешься с волненьем
И мокрый снег жуешь.

Деревья и ограды
Уходят вдаль, во мглу.
Одна средь снегопада
Стоишь ты на углу.

Течет вода с косынки
По рукаву в обшлаг,
И каплями росинки
Сверкают в волосах.

И прядью белокурой
Озарены: лицо,
Косынка, и фигура,
И это пальтецо.

Снег на ресницах влажен,
В твоих глазах тоска,
И весь твой облик слажен
Из одного куска.

Как будто бы железом,
Обмокнутым в сурьму,
Тебя вели нарезом
По сердцу моему.

И в нем навек засело
Смиренье этих черт,
И оттого нет дела,
Что свет жестокосерд.

И оттого двоится
Вся эта ночь в снегу,
И провести границы
Меж нас я не могу.

Но кто мы и откуда,
Когда от всех тех лет
Остались пересуды,
А нас на свете нет?

Снег идёт

Снег идет, снег идет.
К белым звездочкам в буране
Тянутся цветы герани
За оконный переплет.

Снег идет, и все в смятеньи,
Все пускается в полет:
Черной лестницы ступени,
Перекрестка поворот.

Снег идет, снег идет,
Словно падают не хлопья,
А в заплатанном салопе
Сходит наземь небосвод.

Словно с видом чудака,
С верхней лестничной площадки
Крадучись, играя в прятки,
Сходит небо с чердака,
Потому что жизнь не ждет.
Не оглянешься, и — святки.
Только промежуток краткий,
Смотришь — там и новый год.

Снег идет густой-густой,
В ногу с ним, стопами теми,
В том же темпе, с ленью той
Или с той же быстротой,
Может быть, проходит время?

Может быть, за годом год
Следуют, как снег идет
Или как слова в поэме?
Может быть, проходит время...
Может быть, за годом год...

Снег идет, снег идет,
Снег идет, и все в смятеньи:
Убелённый пешеход,
Удивлённые растенья,
Перекрестка поворот.

Снег идет, снег идет.
Снег идет, снег идет...

Синий цвет

(перевод стихотворения Н.Бараташвили)

Цвет небесный, синий цвет,
Полюбил я с малых лет.
В детстве он мне означал
Синеву иных начал.
И теперь, когда достиг
Я вершины дней своих,
В жертву остальным цветам
Голубого не отдам.

Он прекрасен без прикрас.
Это цвет любимых глаз.
Это взгляд бездонный твой,
Напоенный синевой.
Это цвет моей мечты.
Это краска высоты.
В этот голубой раствор
Погружен земной простор.

Это легкий переход
В неизвестность от забот
И от плачущих родных
На похоронах моих.
Это синий, негустой
Иней над моей плитой.
Это сизый зимний дым
Мглы над именем моим.

Цвет небесный, синий цвет,
Полюбил я с малых лет.
В детстве он мне означал
Синеву иных начал.
И теперь, когда достиг
Я вершины дней своих,
В жертву остальным цветам
Голубого не отдам.

1975 г.

ГРИГОРИЙ ДАНСКОЙ

Ангелы на шариках возушных

Ко временному бегу равнодушны,
не столько беззащитны, сколь смешны,
слетались ангелы на шариках воздушных
не потому, что были крыльев лишены.

Не потому, что время кончилось до срока,
И безвременья близится черед,
не потому, что им настолько одиноко,
настолько, чтоб отправиться в полет

на детских шариках цветных…

Вертлявы, как щенки, и непослушны –
привычка вышних к жизни кочевой.
Слетались ангелы на шариках воздушных,
хоть я, признаться, сам не знаю, для чего.

Да вот беда – никто их не заметил.
И мир затянут был в трамвайное кольцо.
Лишь грязные, оборванные дети
Стреляли из рогаток им в лицо.

Не преступив заветного порога,
они, как тени, покидали нас.
Как ласточки, летящие от Бога,
чтоб к Богу возвратиться в нужный час

на детских шариках цветных…

Станция Шали

Мороз минус тридцать четыре.
А может быть, сорок один.
Такая трагедия в мире,
что страшно пойти в магазин.

А где-то идет поезд прекрасный.
В вагонах желтых, синих и красных
ноги не мерзнут, не мерзнет в них попа...
И поезд идет в Симферополь.

А здесь у нас девочка Надя,
и папа ее, и брат,
и тетя, и лысый на площади дядя –
все мерзнут и в Ялту хотят.

Но где-то идет поезд прекрасный.
В вагонах желтых, синих и красных
кофе бразильский и чай из Европы...
И поезд идет в Симферополь.

Мы жили, в окошко дышали,
и тело примерзло к душе...
Ушла в семь часов электричка до Шали
и вряд ли вернется уже.

Уснут пассажиры – бог с ними.
Забудут и холод, и снег,
и дом свой, и жизнь всю, и день этот зимний...
Но что они видят во сне!

Везет их, счастливых, поезд прекрасный.
Им жизнь улыбнулась. Им слышится ясно
Черного моря раскатистый гул.
И поезд минует...Стамбул.

ДМИТРИЙ СУХАРЕВ

Альма матер

муз.: В. Берковский

Альма-матер, альма матер, легкая ладья.
Белой скатертью дорога в ясные края.
Альма-матер, альма матер – молодая прыть.
Оглянись, народ лохматый – нам далеко плыть.

Вид отважный, облик дружный,
ветер влажный, ветер южный, парус над волной...
Волны катятся полого, белой скатертью дорога.
Вечер выпускной.

Альма-матер, альма матер, старый драндулет –
Над кормой висит громада набежавших лет.
Ветер влажный, век железный, и огонь задут.
Здраствуй, здраствуй, пес облезлый, как тебя зовут.

Обними покрепче брата,
Он тебя любил когда-то – давние дела.
Пожелай совсем немного,
Что-бы нам с тобой дорога скатертью была

Альма-матер, альма матер, прежних дней пиры.
Не забудем аромата выпускной поры.
Лег на плечи, лег на плечи наш нелегкий век.
Обними меня покрепче, верный человек.

Видишь – карточка помята,
В лыжных курточках щенята – смерти ни одной.
Волны катятся полого, белой скатертью дорога.
Вечер выпускной.

Пароход

Не тает ночь и не проходит
А на Оке, а над Окой
Кричит случайный пароходик –
Надрывный, жалостный такой.

Никак тоски не переборет,
Кричит в мерцающую тьму.
До слёз, до боли в переборках
Черно под звёздами ему.

Он знает, как они огромны
И как беспомощно мелки
Все пароходы, все паромы,
И пристани, и маяки.

Кричит!..
А в нём сидят студентки,
Старуха дремлет у дверей,
Храпят цыгане, чьи-то детки
Домой торопятся скорей.

И как планета многолюден,
Он прекращает ерунду
И тихо шлёпает в Голутвин,
Глотая вздохи на ходу.

1959

Брич-Мулла

Сладострастная отрава – золотая Брич-Мулла,
Где чинара притулилась под скалою,- под скалою...
Про тебя жужжит над уухом вечная пчела:
Брич-Мулла, Брич-Муллы, Брич-Мулле,
Брич-Муллу, Брич-Муллою.

Был и я мальчуган, и в те годы не раз
Про зеленый Чимган слушал мамин рассказ,
Как возил в Брич-Муллу детвору тарантас –
Тарантас назывался арбою.
И душа рисовала картины в тоске,
Будто еду в арбе на своем ишаке
А Чимганские горы царят вдалеке
И безумно прекрасны собою.

Но прошло мое детство, и юность прошла,
И я понял, не помню какого числа,
Что сгорят мои годы и вовсе дотла
Под пустые, как дым разговоры.
И тогда я решил распроститься с Москвой,
И вдвоем со своею еще не вдовой
В том краю провести свой досуг трудовой,
Где сверкают Чимганские горы.

Мы залезли в долги и купили арбу,
Запрягли ишака со звездою во лбу,
И вручили свою отпускнуню судьбу ишаку –
Знатоку Туркестана.
А на Крымском мосту вдруг заныло в груди,
Я с арбы разглядел сквозь туман и дожди,
Как Чимганские горы царят впереди,
И зовут, и сверкают чеканно.

С той поры я арбу обживаю свою,
И удвоил в пути небольшую семью,
Будапешт и Калуга, Париж и Гельгью
Любовались моею арбою.
На Камчатке ишак угодил в полынью,
Мои дети орут, а я песни пою,
И Чимган освещает дорогу мою,
И безумно прекрасен собою.

1980, лето

Синее море

Выберу самое синее море,
Белый-пребелый возьму пароход,
Сяду – поеду дорогой прямою
Всё на восход, на восход, на восход.

Мой пароход –
Он лепесток
Вишни, отцветшей над Клязьмою где-то,
Медленный,
                    он розоват от рассвета.
Сяду – поеду на Дальний Восток.

На Дальнем Востоке пушки молчат,
Молоденькие мальчики скучают без девчат,
Скучают без девчат,
Не хнычут, не ворчат,
Матчасть в порядке держат
И в домино стучат.

Синее море,
Белый пароход.
Сяду – поеду на Дальний Восток.
На Дальнем Востоке пушки молчат,
А русские солдатики скучают без девчат.

1963

Две женщины

Две женщины проснулись и глядят –
Проснулись и глядят в окно вагона.
Две женщины умылись и сидят –
Друг дружку наряжают благосклонно.

Две тайны примеряют кружева,
Им так охота выглядеть красиво!
Одна из них пять платьев износила –
Она пять лет на свете прожила.

Одна пять лет на свете прожила
И повидала разного немало.
Другая – пять смертей пережила
И пятый свой десяток разменяла.

Две ясности, две хитрых простоты
Играют в дурачка на нижней полке,
А сам дурак лежит на верхней полке,
Заглядывая в карты с высоты.

Там на заход валетик желторотый,
Там на отбой четыре короля,
Там козырями черви под колодой,
Там за окном летучая земля.

И карты сообщают так немного,
И так земля летучая легка,
И так длинна, так коротка дорога,
Что можно спать, не слушая гудка.

1977

В Звенигород идем

Музыка Гена Шангина-Березовского

Трава умыта ливнем, и дышится легко,
И нет уже в помине тяжёлых облаков,
И радуга дугою повисла над дождём,
И снова мы с тобою в Звенигород идём.
Трава умыта ливнем и пеночка трещит,
И мы с тобою скинем промокшие плащи,
Знакомое шоссе отполировано дождём –
В Звенигород, в Звенигород идём!

      Старым путём, милым путём
      В Звенигород, в Звенигород идём.

Мы здесь когда-то жили весёлою гурьбой,
И был однажды ливень, такой же голубой.
Ты помнишь, плечи наши укрыв одним пальто,
Ни слова не сказавши, мы поняли всё то,
Всё то, что в этом месте нам вспомнилось опять,
Всё то, о чём и песня не может рассказать,
Всё то, что нас с тобою и Звенигород роднит,
Всё то, что знаем только мы одни.

      Старым путём, милым путём,
      В Звенигород, в Звенигород идём.

С улыбкой смотрит солнце, и путь не так велик,
Пускай себе несётся порожний грузовик,
А мы с тобой охотно шагаем прямиком,
И каждый поворот нам давным-давно знаком.
Московские привычки развеяла гроза,
В обратной электричке летят они назад,
А мы по синим лужам зашагаем босиком,
Нам этот путь давным-давно знаком!

      Старым путём, милым путём
      В Звенигород, в Звенигород идём!

ЮЛИЙ КИМ

Павелецкий вокзал

Я готов разреветься по-детски,
Или рок мой давно предрешен:
Я пришел на вокзал Павелецкий,
По велению сердца пришел,
По велению сердца пришел.

Ходят разные "дагерротипы",
Все важны, как турецкий набоб.
Всю бы площадь бы огородить бы
И оставить меня б одного б,
И оставить меня б одного б.

Шпили пробуют, пробуют прочность
Небескрайних вечерних небес...
Эх, поверил бы я в непорочность,
Но не с вашей подмогой, а без,
Но не с вашей подмогой, а без.

На балу я теперь не балуюсь,
А твержу с удареньем на "ю":
– Я люблю вас, люблю вас, люблю вас,
Но любовь постоянно таю,
Но любовь постоянно таю...

1957

Губы окаянные

Губы окаянные,
Думы потаенные,
Бестолковая любовь,
Головка забубенная!..

Все вы, губы, помните,
Все вы, думы, знаете,
До чего ж вы мое сердце
Этим огорчаете!

Позову я голубя,
Позову я сизого,
Пошлю дролечке письмо, –
И мы начнем все сызнова!..

1959

Герцогиня

И в Москве, и везде, с кем бы мы ни граничили,
В непогоду и в ведро, и вновь, и опять,
Герцогиня во всем соблюдала приличия, –
Вот чего у нее не отнять!

И среди дикарей, чьи ужасны обычаи,
И в узилище мрака, и в царстве теней,
Герцогиня во всем соблюдала приличия, –
Вот чего не отнимешь у ней!

Даже будучи демоном зла и двуличия,
Предаваясь разврату и водку глуша,
Герцогиня во всем соблюдала приличия, –
И не кушала спаржу с ножа
Никогда!..

Журавль по небу летит (из к/ф "Бумбараш")

муз.: В. Дашкевич

Как за меня матушка все просила Бога,
Все поклоны била, целовала крест,
А сыночку выпала ой дальняя дорога,
Хлопоты бубновые, пиковый интерес.

Журавль по небу летит, корабль по морю идет,
А что меня, куда, влекёт по белу свету,
И где награда на меня, и где засада на меня –
Гуляй, солдатик, ищи ответа.
Журавль по небу летит...

Ой, куда мне деться, дайте оглядеться,
Спереди застава, сзади – западня.
Белые, зеленые, золотопогонные,
А голова у всех одна, как и у меня.

Где я только не был, чего я не отведал,
Березовую кашу, крапиву, лебеду.
Вот только на небе я ни разу не обедал,
Господи, прости меня, я с этим обожду.

Эх, душа моя

На ночных кустах ветки трогая,
Выхожу один да на дорогу я.
Темнота кругом несусветная,
Замолчала ночь беспредметная.

Что ж ты, ночь, молчишь, не шевелишься,
На взаимную любовь не надеешься?
Распускается сирень за заборами,
Псы голодные орут за которыми.

Не решу никак незадачу я:
Отчего у собак жизнь собачая?
Знать хозяин их хуже Каина,
Убежать бы им от хозяина,

От хозяина – злого жадины,
Не зазря же им клички дадены!..
Эх, душа моя косолапая,
Ты чего болишь, кровью капая,

Кровью капая в пыль дорожную?
Не случится со мной невозможное!
Без любви прожить не получится,
А зазря любить – только мучиться…

Не смотри ж ты, ночь, исподлобия,
Злого недруга наподобие,
Не смотри ж ты, ночь, не подглядывай,
За мою судьбу не загадывай!

ЕВГЕНИЙ КЛЯЧКИН

Сигаретой опиши колечко

Сигаретой опиши колечко,
Спичкой на снегу поставишь точку.
Что-то, что-то надо поберечь бы,
А не бережем – уж это точно.
Что-то, что-то надо поберечь бы
А не бережем – уж это точно.

Обернется золотою рыбкой,
Захочу – шутя поймаю шапкой.
Кажется вначале просто гибкой,
Приглядишься – оказалась шаткой.

Э, да что там ждать – скорее в норку,
Отложи до завтра все догадки.
Что ты скажешь – маленькая горка,
А такая трудная повадка!

Сигаретой опиши колечко,
Спичкой на снегу поставишь точку.
Что-то, что-то надо поберечь бы,
А не бережем – уж это точно!

18 апреля 1964

Не гляди назад

На музыку М. Зива

Не гляди назад, не гляди –
Просто имена переставь.
Спят в твоих глазах, спят дожди, –
Ты не для меня их оставь.

Перевесь подальше ключи,
Адрес поменяй, поменяй!
А теперь подольше молчи –
Это для меня.

Мне-то все равно, все равно,
Я уговорю сам себя,
Будто все за нас решено,
Будто все ворует судьба.

Только ты не веришь в судьбу,
Значит, просто, выбрось ключи.
Я к тебе в окошко войду…
А теперь молчи.

Не пойду искать я ключи, –
Пусть они лежат на земле.
Их найдет какой-то другой,
Сердце он остудит в тебе.

Перевесь подальше ключи,
Адрес поменяй, поменяй!
А теперь подольше молчи –
Это для меня.

29 сентября 1963

ЮРИЙ ВИЗБОР

А будет это так...

А будет это так: заплачет ночь дискантом,
И ржавый ломкий лист зацепит за луну,
И белый-белый снег падет с небес десантом,
Чтоб черным городам придать голубизну.
Чтоб черным городам придать голубизну.

И тучи набегут, созвездьями гонимы.
Поднимем воротник, как парус декабря,
И старый-старый пес с глазами пилигрима
Закинет морду вверх при желтых фонарях.

Друзья мои, друзья, начать бы все сначала,
На влажных берегах разбить свои шатры,
Валяться б на досках нагретого причала
И видеть, как дымят далекие костры.

Еще придет зима в созвездии удачи,
И легкая лыжня помчится от дверей,
И, может быть, тогда удастся нам иначе,
Иначе, чем теперь, прожить остаток дней.

21 ноября 1975

В Аркашиной квартире...

В Аркашиной квартире живут чужие люди,
Ни Юли, ни Аркаши давно в тех стенах нет,
Там также не сижу я с картошечкой в мундире,
И вовсе не Аркашин там зажигают свет.

Неужто эти годы прошли на самом деле?
Пока мы разбирались: кто теща, кто свекровь?
Куда же мы глядели, покуда все галдели,
И бойко рифмовали слова "Любовь" и "Кровь".

В Аркашиной квартире бывали эти рифмы
Не в виде сочинений, но в виде высоты,
Там даже красовалась неясным лагорифмом
Абстрактная картина для общей красоты.

Нам это все досталось не в качестве наживы,
И был неповторимым наш грошевой уют,
Ах, славу Богу, брат мой, что все мы вроде живы,
И все, что мы имеем, уже не украдут.

Мы были так богаты чужой и общей болью,
Наивною моралью, желаньем петь да петь.
Все это оплатили любовью мы и кровью,
Не дай нам Бог, ребята, в дальнейшем обеднеть.

В Аркашиной квартире все бродят наши тени,
На кухне выпивают и курят у окна...
Абстрактная картина, судеб переплетенье,
И так несправедливо, что жизнь у нас одна.

Август 1979,
Мурманск

До свиданья, дорогие

Вот как будто бы сначала
Начинается судьба
У бетонного причала,
У последнего столба.
Здесь вдали остались бури,
Здесь земля уже близка,
Здесь косынку голубую
Я, прищурившись, искал.

И забудутся едва ли
Эти несколько минут,
Здесь меня когда-то ждали,
А теперь уже не ждут.
Белой пеной, мягкой лапой
Бьются волны о маяк.
Я схожу себе по трапу –
Независимый моряк.

Но все время призывают
Отдаленные моря,
Все куда-то уплывают,
Выбирают якоря.
Так и мы от чьих-то судеб,
Как от пирса, отошли,
Так от нас уходят люди,
Словно в море корабли.

До свиданья, дорогие,
Вам ни пуха, ни пера,
Пусть вам встретятся другие,
Лишь попутные ветра!
Море синее сверкает,
Чайки белые снуют.
Ни на что не намекаю,
Просто песенку пою.

1974

Милая моя

Всем нашим встречам разлуки, увы, суждены,
Тих и печален ручей у янтарной сосны,
Пеплом несмелым подернулись угли костра,
Вот и окончилось все – расставаться пора.

Милая моя, солнышко лесное,
Где, в каких краях
Встретишься со мною?

Крылья сложили палатки – их кончен полет,
Крылья расправил искатель разлук – самолет,
И потихонечку пятится трап от крыла,
Вот уж действительно пропасть меж нами легла.

Припев.

Не утешайте меня, мне слова не нужны,
Мне б отыскать тот ручей у янтарной сосны,
Вдруг сквозь туман там алеет кусочек огня,
Вдруг у огня ожидают, представьте, меня!

Припев

12 июня 1973

Военные фотографии

муз.: С. Никитин

Доводилось нам сниматься
И на снимках улыбаться
Перед старым аппаратом
Под названьем "Фотокор".
Чтобы наши светотени
Сквозь военные метели
В дом родимый долетели
Под родительский надзор.

Так стояли мы с друзьями
В перерывах меж боями.
Сухопутьем и морями
Шли, куда велел приказ.
Встань, фотограф, в серединку
И сними нас всех в обнимку:
Может быть, на этом снимке
Вместе мы в последний раз.

Кто-нибудь потом вглядится
В наши судьбы, в наши лица,
В ту военную страницу,
Что уходит за кормой...
И остались годы эти
В униброме, в бромпортрете,
В фотографиях на память
Для Отчизны дорогой.

1979

Шхельда

Кончилось лето жаркое, Шхельда белым-бела.
Осень, дождями шаркая, в гости ко мне пришла.
Снова туманы, вижу я, свесились с гор крутых,
Осень – девчонка рыжая, ясная, словно ты.

Что ты так смотришь пристально, толком я не пойму,
Мне, словно зимней пристани, маяться одному,
Тихие зори праздновать, молча грустить во тьме...
Наши дороги разные, и перекрестков нет.

Ты ведь большая умница, вытри с лица слезу.
Горы снегами пудрятся, вот и сидим внизу.
Снова дожди тоскливые, а наверху метет...
Песни, как версты, длинные, парень один поет.

1960

Домбайский вальс

Посв. В. Минаевой

Лыжи у печки стоят, гаснет закат за горой,
Месяц кончается март, скоро нам ехать домой.
Здравствуйте, хмурые дни, горное солнце, прощай,
Мы навсегда сохраним в сердце своем этот край.

Нас провожает с тобой гордый красавец Эрцог,
Нас ожидает с тобой марево дальних дорог.
Вот и окончился круг, помни, надейся, скучай!
Снежные флаги разлук вывесил старый Домбай.

Что ж ты стоишь на тропе, что ж ты не хочешь идти?
Нам надо песню допеть, нам надо меньше грустить.
Снизу кричат поезда, правда, кончается март,
Ранняя всходит звезда, где-то лавины шумят.

19 апреля 1961
Альплагерь "Алибек"

Ночная дорога

Нет мудрее и прекрасней средства от тревог,
Чем ночная песня шин,
Длинной-длинной серой ниткой стоптанных дорог
Штопаем ранения души.

Припев:
    Не верь разлукам, старина: их круг –
    Лишь сон, ей-богу.
    Придут другие времена, мой друг, –
    Ты верь в дорогу.
    Нет дороге окончанья, есть зато ее итог.
    Дороги трудны, но хуже без дорог,

Будто чья-то сигарета, стоп-сигнал в ночах –
Кто-то тоже держит путь.
Незнакомец, незнакомка, здравствуй и прощай...
Можно только фарами мигнуть.

То повиснет над мотором ранняя звезда,
То на стекла брызнет дождь...
За спиною остаются два твоих следа –
Значит, не бесследно ты живешь.

В два конца идет дорога, но себе не лги:
Нам в обратный путь нельзя.
Слава богу, мой дружище, есть у нас враги –
Значит, есть, наверно, и друзья.

1 августа 1973

Одинокий гитарист...

Одинокий гитарист в придорожном ресторане.
Черной свечкой кипарис между звездами в окне.
Он играет и поет, сидя будто в черной раме,
Море черное за ним при прожекторной луне.

Наш милейший рулевой на дороге нелюдимой,
Исстрадав без сигарет, сделал этот поворот.
Ах, удача, Боже мой, услыхать в стране родимой
Человеческую речь в изложеньи нежных нот.

Ресторан полупустой. Две танцующие пары.
Два дружинника сидят, обеспечивая мир.
Одинокий гитарист с добрым Генделем на пару
Поднимает к небесам этот маленький трактир.

И витает, как дымок, христианская идея,
Что когда-то повезет, если вдруг не повезло,
Он играет и поет, все надеясь и надеясь,
Что когда-нибудь добро победит в борьбе со злом.

Ах, как трудно будет нам, если мы ему поверим...
С этим веком наш роман бессердечен и нечист,
Но спасает нас в ночи от позорного безверья
Колокольчик под дугой – одинокий гитарист.

18-19 января 1982,
Ялта

Три минуты тишины

По судну "Кострома" стучит вода,
В сетях антенн качается звезда,
А мы стоим и курим, мы должны
Услышать три минуты тишины.

Молчат во всех морях все корабли,
Молчат морские станции земли,
И ты ключом, приятель, не стучи,
Ты эти три минуты помолчи.

Быть может, на каком борту пожар,
Пробоина в корме острей ножа,
А может быть, арктические льды
Корабль не выпускают из беды.

Но тишина плывет как океан,
Радист сказал: "Порядок, капитан".
То осень бьет в антенны, то зима,
Шесть баллов бьют по судну "Кострома".

Весна 1965

Спокойно, дружище... (Из к/ф "Июльский дождь")

Посвящение В.Самойловичу

Спокойно, дружище, спокойно,
У нас еще все впереди.
Пусть шпилем ночной колокольни
Беда ковыряет в груди.
Не путай конец и кончину,
Рассветы, как прежде, трубят,
Кручина твоя не причина,
А только ступень для тебя.

По этим истертым ступеням,
По горю, разлукам, слезам
Идем, схоронив нетерпенье
В промытых ветрами глазах.
Виденья видали ночные
У паперти северных гор,
Качали мы звезды лесные
На черных глазищах озер.

Спокойно, дружище,спокойно,
И пить нам и весело петь,
Еще в предстоящие войны
Тебе предстоит уцелеть.
Уже и рассветы проснулись,
Что к жизни тебя возвратят,
Уже изготовлены пули,
Что мимо тебя просвистят.

1962

Подмосковная

Тихим вечером, звездным вечером
Бродит по лесу листопад.
Елки тянутся к небу свечками,
И в туман уходит тропа.
Над ночной рекой, речкой Истрою
Нам бродить с тобой допоздна,
Среднерусская, сердцу близкая,
Подмосковная сторона.

Шепчут в сумерках обещания
Губы девичьи и глаза...
Нам ли сетовать на скитания,
В сотый раз покинув вокзал?
Вот вагон качнул звезды низкие,
И бежит, бежит вдоль окна
Среднерусская, сердцу близкая,
Подмосковная сторона.

За Звенигород тучи тянутся,
Под Подлипками льют дожди,
В проливных дождях тонут станции,
Ожидая нас впереди.
И пускай гроза где-то рыскает,
Мне с тобой она не страшна,
Среднерусская, сердцу близкая,
Подмосковная сторона.

Где-то плещется море синее,
Мчатся белые поезда,
А на севере тонут в инее
Предрассветные города.
По земле тебя не разыскивать —
Изо всех краев ты видна,
Среднерусская, сердцу близкая,
Подмосковная сторона.

1960

Если я заболею, к врачам обращаться не стану…

(Использовано переделанное стихотворение Я. Смелякова)

Если я заболею,
К врачам обращаться не стану,
Обращусь я к друзьям –
Не сочтите, что это в бреду:
Постелите мне степь,
Занавесьте мне окна туманом,
В изголовье поставьте
Упавшую с неба звезду!

Я шагал напролом,
Никогда я не слыл недотрогой.
Если ранят меня
В справедливых тяжелых боях,
Забинтуйте мне голову
Русской лесною дорогой
И укройте меня
Одеялом в осенних цветах.

От морей и от гор
Веет свежестью, веет простором.
Раз посмотришь – почувствуешь:
Вечно, ребята, живём!
Не больничным от вас
Ухожу я, друзья, коридором,
Ухожу я, товарищи,
Сказочным Млечным путём.

1960

ЯРОСЛАВ СМЕЛЯКОВ

Если я заболею...

Если я заболею,
к врачам обращаться не стану,
Обращаюсь к друзьям
(не сочтите, что это в бреду):
постелите мне степь,
занавесьте мне окна туманом,
в изголовье поставьте
ночную звезду.

Я ходил напролом.
Я не слыл недотрогой.
Если ранят меня в справедливых боях,
забинтуйте мне голову
горной дорогой
и укройте меня
одеялом
в осенних цветах.

Порошков или капель — не надо.
Пусть в стакане сияют лучи.
Жаркий ветер пустынь, серебро водопада —
Вот чем стоит лечить.
От морей и от гор
так и веет веками,
как посмотришь, почувствуешь:
вечно живем.

Не облатками белыми
путь мой усеян, а облаками.
Не больничным от вас ухожу коридором,
а Млечным Путем.

1949

Воробей

До Двадцатого до съезда
жили мы по простоте –
безо всякого отъезда
в дальнем городе Инте.

Там ни дерева, ни тени,
ни песка на берегу –
только снежные олени
да собаки на снегу.

Но однажды в то окошко,
за которым я сидел,
по наитью и оплошке
воробьишка залетел.

Небольшая птаха эта,
неказиста, весела
(есть народная примета),
мне свободу принесла.

Благодарный честно, крепко,
спозаранку или днем
я с тех пор снимаю кепку
перед каждым воробьем.

Верю глупо и упрямо,
с наслажденьем правоты,
что повсюду тот же самый
воробьишка из Инты.

Позабылось быстро горе,
я его не берегу,
а сижу на Черном море,
на апрельском берегу…

Но и здесь, как будто дома,–
не поверишь, так убей! –
скачет старый мой знакомый,
приполярный воробей.

Бойко скачет по дорожке,
славословий не поет
и мои – ответно – крошки
по-достойному клюет.

1966

ПАВЕЛ ШУБИН

Песня о Мурманске

Про эту песню Сергей Никитин, когда изредка исполняет на концертах, говорит: "Стихи Павла Шубина, музыка моя, а песня получилась – Визбора". И это, в общем, не случайно. Эти стихи Юрию Иосифовичу очень нравились, и он "заказал" Никитину песню на них, когда снимал документальный фильм "Мурманск-198" (Экран, 1980). И потом часто с удовольствием пел ее сам, – она действительно какая-то "визборовская" получилась. Но тем не менее гармонии там вполне "никитинские", – в смысле, не самые очевидные.

(Вера Романова)

Есть город матросов,
Ночных контрабасов,
Мохнатых барбосов
И старых карбасов;
Зюйдвесток каляных
На вантах наклонных,
В ветрах окаянных,
Рассолом калёных.

Ложатся там хмары
На снежные горы,
Там в бурю сквозь бары
Проходят поморы.
И снится мне вешка –
Снегов поваляшка
И с волчьей побежкой
Собачья упряжка.
И снится мне вешка –
Снегов поваляшка
И с волчьей побежкой
Собачья упряжка.
И, сердце лаская
Отвагой мужскою,
Дорога уходит
В открытое море.
Дорога уходит
В открытое море.

Я тундрой глухою
Летел под дохою.
Дорога – дугою
С одною вехою.
Я видел воочью
Пространство и время:
Я их средоточье
За всех. Перед всеми.

Я слышу поныне,
Как плачут гусыни
В апрельской теплыни,
В полярной пустыне.
Что память любила?
О чем тосковала?
Все, кажется, было
И – как не бывало.

Что память любила?
О чем тосковала?
Все, кажется, было
И – как не бывало.
Но сердце лаская
Отвагой мужскою,
Дорога уходит
В открытое море.

Дорога уходит
В открытое море.

1979

ДМИТРИЙ КЕДРИН

Бродяга

Есть у каждого бродяги
Сундучок воспоминаний.
Пусть не верует бродяга
И ни в птичий грай, ни в чох, –
Ни на призраки богатства
В тихом обмороке сна, ни
На вино не променяет
Он заветный сундучок.

Там за дружбою слежалой,
Под враждою закоптелой,
Между чувств, что стали трухлой
Связкой высохших грибов, –
Перевязана тесемкой
И в газете пожелтелой,
Как мышонок, притаилась
Неуклюжая любовь.

Если якорь брига выбран,
В кабачке распита брага,
Ставни синие забиты
Навсегда в родном дому, –
Уплывая, всё раздарит
Собутыльникам бродяга,
Только этот желтый сверток
Не покажет никому...

Будет день: в борты, как в щеки,
Оплеухи волн забьют – и
“Все наверх! – засвищет боцман –
К нам идет девятый вал!”
Перед тем как твердо выйти
В шторм из маленькой каюты,
Развернет бродяга сверток,
Мокрый ворот разорвав.

И когда вода раздавит
В трюме крепкие бочонки,
Он увидит, погружаясь
В атлантическую тьму:
Тонколицая колдунья,
Большеглазая девчонка
С фотографии грошовой
Улыбается ему.

1934

ЛЕВ ЖДАНОВ

Будет ласковый дождь

(перевод стихотворения Сары Тисдэйл (Sara Teasdale))

Будет ласковый дождь, будет запах земли.
Щебет юрких стрижей от зари до зари,
И ночные рулады лягушек в прудах.
И цветение слив в белопенных садах;
Огнегрудый комочек слетит на забор,
И малиновки трель выткет звонкий узор.
И никто, и никто не вспомянет войну
Пережито-забыто, ворошить ни к чему
И ни птица, ни ива слезы не прольёт,
Если сгинет с Земли человеческий род
И весна… и весна встретит новый рассвет
Не заметив, что нас уже нет.

Оригинальное стихотворение:

There will come soft rains and the smell of the ground,
And swallows circling with their shimmering sound;
And frogs in the pool singing at night,
And wild plum trees in tremulous white;
Robins will wear their feathery fire,
Whistling their whims on a low fence-wire;
And not one will know of the war, not one
Will care at last when it is done.
Not one would mind, neither bird nor tree,
If mankind perished utterly;
And Spring herself when she woke at dawn
Would scarcely know that we were gone.

СЕРГЕЙ БАЛЬЦЕР

Не грусти ты о тех, кто ушёл...

Не грусти ты о тех, кто ушёл,
В жизни каждый – случайный попутчик.
Было с ними теперь хорошо,
А без них, может быть, будет лучше.

Грохни кружкой об залитый стол,
Спрячь в весельи тоску и тревогу.
Не грусти ты о тех кто ушёл,
Раз ушёл, так туда и дорога.

Небо осенью – дымчатый шёлк.
Позабудь имена дорогие,
Не грусти ты о тех, кто ушёл,
Подожди, ещё будут другие...

1974

Старинная песня

Старинную песню с названьем – "судьба"
Печально поёт полковая труба...
То глухо, то звонко, то еле слышна,
Мелодию жизни выводит она...

Чего ж её слушать – тоску нагонять,
Не хлопнуть ли дверью и к черту послать!
Но вдруг встрепенётся зараза-судьба,
Услышав как плачет над нею труба...

Сурово нахмурясь, отец-командир
Поправит бывалый походный мундир...
А в голосе трубном то шепот, то вздох,
Над грустной трубой улыбается Бог...

2016

НИКОЛАЙ ГУМИЛЁВ

На полярных морях и на южных…

На полярных морях и на южных,
По изгибам зеленых зыбей,
Меж базальтовых скал и жемчужных
Шелестят паруса кораблей.

Быстрокрылых ведут капитаны,
Открыватели новых земель,
Для кого не страшны ураганы,
Кто изведал мальстремы и мель,

Чья не пылью затерянных хартий, –
Солью моря пропитана грудь,
Кто иглой на разорванной карте
Отмечает свой дерзостный путь

И, взойдя на трепещущий мостик,
Вспоминает покинутый порт,
Отряхая ударами трости
Клочья пены с высоких ботфорт,

Или, бунт на борту обнаружив,
Из-за пояса рвет пистолет,
Так что сыпется золото с кружев,
С розоватых брабантских манжет.

Пусть безумствует море и хлещет,
Гребни волн поднялись в небеса,
Ни один пред грозой не трепещет,
Ни один не свернет паруса.

Разве трусам даны эти руки,
Этот острый, уверенный взгляд
Что умеет на вражьи фелуки
Неожиданно бросить фрегат,

Меткой пулей, острогой железной
Настигать исполинских китов
И приметить в ночи многозвездной
Охранительный свет маяков?

ЭДУАРД БАГРИЦКИЙ

Увы, мой друг, бегут так быстро годы!..

Увы, мой друг, бегут так быстро годы!
Мы жизнью не насытились вполне,
Припомним же попойки и походы,
Любовные прогулки при луне

Сырая ночь окутана туманом.
И что с того, что голос наш умолк
В тех погребах, где юношам и пьяным
Не отпускают вдохновенья в долг.

Женаты мы – любовь нас не волнует,
Любовной лирики приходит срок.
Пора, пора, уже в лицо нам дует
Воспоминаний легкий ветерок.

И у сосновой струганой постели
Припомнишь ты в предсмертной тишине
Веселые попойки и дуэли,
Любовные прогулки при луне.

Контрабандисты

По рыбам, по звездам проносит шаланду :
Три грека в Одессу везут контрабанду.
На правом борту, что над пропастью вырос
Янаки, Стравраки, Папа Сатырос.
А ветер как гикнет, как мимо просвищет,
Как двинет барашком под звонкое днище,
Чтоб гвозди звенели, чтоб мачта гудела :
 – Доброе дело! Хорошее дело!

Ай, греческий парус!
Ай, Черное море!
Черное море! Черное море!
Вор на воре!..

Двенадцатый час – осторожное время.
Три пограничника, ветер и темень.
Три пограничника, шестеро глаз –
Шестеро глаз да моторный баркас...
Три пограничника! Вор на дозоре!
Бросьте баркас в басурманское море,
Чтобы волна под кормой загудела :
 – Доброе дело! Хорошее дело!

Ай, звездная полночь!
Ай, Черное море!
Черное море! Черное море!
Вор на воре...

Вот так бы и мне в налетающей тьме
Усы раздувать, развалясь на корме,
Да видеть звезду над бушпритом склоненным,
Да голос ломать черноморским жаргоном,
Да слушать сквозь ветер, холодный и горький,
Мотора дозорного скороговорки!

Иль правильней, может, сжимая наган,
За вором следить, уходящим в туман...
И вдруг неожиданно встретить во тьме
Усатого грека на черной корме...

Так бейся по жилам, кидайся в края,
Бездонная молодость, ярость моя!
Чтоб звездами сыпалась кровь человечья,
Чтоб выстрелам рваться Вселенной навстречу,
Чтоб волн запевал оголтелый народ,
Чтоб злобная песня коверкала рот, –
И петь, задыхаясь в страшном просторе:
 – Черное море! Черное море!

Ай, звездная полночь!
Ай, Черное море!
Черное море! Черное море!
Хорошее море!..

БОРИС СТРУГАЦКИЙ

Дети тумана

Ты слышишь печальный напев кабестана?
Не слышишь? Ну что ж – не беда...
Уходят из гавани дети тумана,
Уходят. Надолго? Куда?

Ты слышишь, как чайка и стонет, и плачет,
Свинцовую зыбь бороздя,
Скрываются строгие черные мачты
За серой завесой дождя...

В предутренний ветер, в ненастное море,
Где белая пена бурлит,
Спокойные люди в ненастные зори
Уводят свои корабли.

Их ждут штормовые часы у штурвала,
Прибой у неведомых скал,
И бешеный грохот девятого вала,
И рифов голодных оскал.

И жаркие ночи, и влажные сети,
И шелест сухих парусов,
И ласковый, теплый, целующий ветер
Далеких прибрежных лесов.

Их ждут берега четырех океанов,
Там плещет чужая вода...
Уходят из гавани дети тумана.
Вернутся не скоро... Когда?

1963

ВЛАДИМИР ТУРИЯНСКИЙ

Когда отшелестит сентябрьская листва…

Когда отшелестит сентябрьская листва
И землю обоймет предсмертная истома,
Ты помолись у храма Покрова
О странствующих вдалеке от дома.

Быть может, я тогда услышу голоса
Или во сне увижу беспокойном
цыганской пестрой шалью одетые леса
И черных птиц над белой колокольней…

Дорогу белую среди пустых полей,
Далекий стук колес на перегоне,
Чернеющие ветки тополей
И раннюю звезду на небосклоне.

Старая сказка

Не хватает времени, не хватает сердца,
А дороги длинные – не видать конца.
Вьюга заметает, вьёт свои коленца
И черты стирает милого лица.

Заблудилась наглухо троечка прогонная,
И в белесой замяти   пропадает след…
Не пробраться пешему, не пробиться конному,
Ни письма, ни весточки ниоткуда нет.

Все пройдет, любимая. Отболит головушка.
Вот двенадцать пробило, вот и все дела.
В золоченых туфельках убегает Золушка…
Снова печки-лавочки, веник и зола.

Птица сероглазая, маленькая Золушка,
Не грусти, не мучайся, не вздыхай тайком.
Даже в мире сказочном, ты же знаешь, солнышко,
Не бывает сразу просто и легко.

До поры до времени пусть поземка мечется.
Вот мелькнули в облаке звездочка с луной.
Мы затопим печечку, мы затеплим свечечку
И споем тихонечко про тебя со мной.

Не хватает времени, не хватает сердца,
А дороги длинные – не видать конца.
Вьюга заметает, вьет свои коленца
И черты стирает милого лица.

1984

Таежный романс

От желтых лиственничных крон –
Шальная грусть осенних писем.
И в бесконечной ленте чисел
Заело стреляный патрон.

И так по небу облака
Бегут неспешной чередою,
И небо кажется водою
В прозрачной ряби родника.

И, как под сердцем маята,
Клубится тайная тревога
И снится дальняя дорога
Под шорох рыжего листа.

1978

АЛЕКСАНДР ГОРОДНИЦКИЙ

Жена французского посла

А мне не Тани снятся и не Гали,
Не поля родные, не леса, –
В Сенегале, братцы, в Сенегале
Я такие видел чудеса!
Ох, не слабы, братцы, ох, не слабы
Плеск волны, мерцание весла,
Крокодилы, пальмы, баобабы
И жена французского посла.

Хоть французский я не понимаю
И она по-русски – ни фига,
Но как высока грудь её нагая,
Как нага высокая нога!
Не нужны теперь другие бабы –
Всю мне душу Африка свела:
Крокодилы, пальмы, баобабы
И жена французского посла.

Дорогие братья и сестрицы,
Что такое сделалось со мной?
Всё мне сон один и тот же снится,
Широкоэкранный и цветной.
И в жару, и в стужу, и в ненастье
Всё сжигает он меня дотла, –
В нём постель, распахнутая настежь,
И жена французского посла!

18.05.1970
3-й рейс НИС "Дмитрий Менделеев"
(Сенегал, Дакар).

Понта Дельгада

В городе Понта Дельгада нет магазинов роскошных,
Гор синеватые глыбы тают в окрестном тумане.
В городе Понта Дельгада девочка смотрит в окошко,
Красной огромною рыбой солнце плывет в океане.

В городе Понта Дельгада, там, где сегодня пишу я,
Плющ дон-жуаном зеленым одолевает балконы.
Трели выводит цикада, улицы лезут по склонам,
Явственен в уличном шуме цокот медлительный конный.

Спят под лесами вулканы, как беспокойные дети.
Подняли жесткие канны красные свечи соцветий.
Ах, это все существует вот уже восемь столетий –
Юбки метут мостовую, трогает жалюзи ветер.

Если опять я устану от ежедневной погони,
Сон мне приснится знакомый, ночи короткой награда:
Хлопают черные ставни, цокают звонкие кони
В городе Понта Дельгада, в городе Понта Дельгада.

1977
Азорские острова, о. Сен-Мигель
вариант: 22 января 1977, Атлантический океан

Тени тундры

Во мхах и травах тундры, где подспудно
Уходят лета быстрые секунды,
Где валуны – как каменные тумбы,
Где с непривычки нелегко идти,
Тень облака, плывущего над тундрой,
Тень птицы, пролетающей над тундрой,
И тень оленя, что бежит по тундре,
Перегоняют пешего в пути.

И если как-то раз, проснувшись утром,
Забыв на час о зеркале и пудре,
Ты попросила б рассказать о тундре
И лист бумаги белой я нашёл, –
Тень облака, плывущего над тундрой,
Тень птицы, пролетающей над тундрой,
И тень оленя, что бежит по тундре,
Изобразил бы я карандашом.

Потом, покончив с этим трудным делом,
Оставив место для ромашек белым,
Весь прочий лист закрасил бы я смело
Зелёной краской, радостной для глаз.
А после, выбрав кисточку потоньше
И осторожно краску взяв на кончик,
Я синим бы раскрасил колокольчик
И этим бы закончил свой рассказ.

Я повторять готов, живущий трудно,
Что мир устроен празднично и мудро.
Да, мир устроен празднично и мудро,
Пока могу я видеть каждый день
Тень облака, плывущего над тундрой,
Тень птицы, пролетающей над тундрой,
И тень оленя, что бежит по тундре,
А рядом с ними – собственную тень.

1972, 18 августа
о. Вайгач

Перекаты

Памяти С.Погребицкого

Все перекаты, да перекаты –
Послать бы их по адресу!
На это место уж нету карты –
Плывем вперед по абрису.

А где-то бабы живут на свете,
Друзья сидят за водкою.
Владеют волны, владеет ветер
Моей дырявой лодкою.

А если есть там с тобою кто-то –
Не стану долго мучиться.
Люблю тебя я до поворота,
А дальше – как получится!

К Большой воде я сегодня выйду,
А завтра лето кончится.
Но подавать я не стану вида,
Что умирать не хочется.

Все перекаты, да перекаты –
Послать бы их по адресу!
На это место уж нету карты –
Плывем вперед по абрису.

Июль 1960,
Туруханский край, р. Северная
вариант: октябрь 1960, Ленинград

Острова в океане

И вблизи, и вдали – все вода да вода.
Плыть в широтах любых нам, вздыхая о ком-то.
Ах, питомцы Земли, как мы рады, когда
На локаторе вспыхнет мерцающий контур!

Над крутыми волнами в ненастные дни,
И в тропический штиль, и в полярном тумане,
Нас своими огнями все манят они,
Острова в океане, острова в океане.

К ночи сменится ветер, наступит прилив.
Мы вернемся на судно для вахт и авралов,
Пару сломанных веток с собой прихватив
И стеклянный рисунок погибших кораллов.

И забудем мы их, как случайный музей,
Как цветное кино на вчерашнем экране, –
Те места, где своих мы теряем друзей,
Острова в океане, острова в океане.

А за бортом темно, только россыпь огней
На далеких хребтах, проплывающих мимо.
Так ведется давно с незапамятных дней,
И останется так до скончания мира.

Не спеши же мне вдруг говорить про любовь, –
Между нами нельзя сократить расстояний,
Потому что, мой друг, мы ведь тоже с тобой –
Острова в океане, острова в океане.

май 1976
НИС "Дмитрий Менделеев",
Тасманово море у берегов Австралии

Ленинградская песня

Мне трудно, вернувшись назад,
С твоим населением слиться,
Отчизна моя, Ленинград,
Российских провинций столица.
Как серы твои этажи,
Как света на улицах мало!
Подобна теченью канала
Твоя нетекучая жизнь.

На Невском реклама кино,
А в Зимнем по-прежнему Винчи.
Но пылью закрыто окно
В Европу, ненужную нынче.
Десятки различных примет
Приносят тревожные вести:
Дворцы и каналы на месте,
А прежнего города нет.

Но в плеске твоих мостовых
Милы мне и слякоть, и темень,
Пока на гранитах твоих
Любимые чудятся тени.
И тянется хрупкая нить
Вдоль времни зыбких обочин,
И теплятся белые ночи,
Которые не погасить.

И в рюмочной на Моховой
Среди алкашей утомленных
Мы выпьем за дым над Невой
Из стопок простых и граненых –
За шпилей твоих окоем,
За облик немеркнущий прошлый,
За то, что покуда живешь ты,
И мы как-нибудь проживем.

1981 г.
Ленинград

Песня полярных летчиков

Кожаные куртки, брошенные в угол,
Тряпкой занавешенное низкое окно.
Бродит за ангарами северная вьюга,
В маленькой гостинице пусто и темно.

Командир со штурманом мотив припомнят старый,
Голову рукою подопрёт второй пилот.
Подтянувши струны старенькой гитары,
Следом бортмеханик им тихо подпоёт.

Эту песню грустную позабыть пора нам, –
Наглухо моторы и сердца зачехлены.
Снова тянет с берега снегом и туманом,
Снова ночь нелётная, даже для луны.

Лысые романтики, воздушные бродяги!
Наша жизнь – мальчишеские вечные года.
Прочь тоску гоните вы, выпитые фляги,
Ты, метеослужба, нам счастья нагадай.

Солнце незакатное и тёплый ветер с веста.
И штурвал послушный в стосковавшихся руках.
Ждите нас невстреченные школьницы-невесты
В маленьких асфальтовых южных городах.

1959
Туруханский край, р.Колю,
"весновка" апрель-май

Перелетные ангелы

*"...На левобережье Енисея вблизи поселка Ермаково я видел ржавые
паровозы, утонувшие в болотах – там, где должна была проходить,
буквально по костям заключенных, железная дорога Салехард – Игарка.
Были там и мертвые "зоны" с гнилыми бараками, и сторожевые вышки,
и безымянные братские кладбища, размытые половодьями..."*

Нам ночами июльскими не спать на сене,
Не кружить нам по комнатам сладкий дым папирос.
Перелетные ангелы летят на север
И их нежные крылья обжигает мороз.

Опускаются ангелы на крыши зданий,
И на храмах покинутых ночуют они,
А наутро снимаются в полет свой дальний,
Потому что коротки весенние дни.

И когда ветры теплые в лицо подуют,
И от лени последний ты свой выронишь лом,
Это значит навек твою башку седую
Осенит избавление лебединым крылом.

Вы не плачьте, братишечки, по давним семья,
Вы не врите, братишечки, про утраченный юг –
Перелетные ангелы летят на север,
И тяжелые крылья над тундрой поют.

1963

Не возвращайся, Горький, с Капри...

"...Городские романсы – от "Кирпичиков" до наших дней – серьезная песенная форма. Как у Брассанса: веселенький мотивчик, а людей ведут на расстрел. А хохот стоит жуткий... Что-то заключено в таком вот парадоксальном сочетании. У меня есть подобная поделочка с простенькой мелодией, недавно написанная и посвященная памяти великого пролетарского писателя, основоположника социалистического реализма, который имел неосторожность подсунуть нашему усатому вождю замечательную формулу: "Если враг не сдается – его уничтожают". Эта фраза висела на воротах всех лагерей и была обоснованием приказов об уничтожении "врагов народа". Эта трагическая фигура – А.М. Горький. Я позволил себе написать песню его памяти в форме такого вот простенького городского романса".

Не возвращайся, Горький, с Капри,
Где виноградная лоза.
Бежит в усы за каплей капля
Твоя горючая слеза...

Поймешь страну родную мало,
Ее увидев изнутри.
На трассе Беломорканала
Напрасных слов не говори.

Не возвращайся, Горький, с Капри,
Пей итальянское вино.
Расстрел неправедный, этап ли, –
Тебе там это все равно.

Не упускай свою удачу,
Попав однажды за рубеж,
Не приглашай вождя на дачу,
Его пирожные не ешь.

Не рвать в лесу тебе малину,
А из окна глядеть в тоске
И смерти ждать неумолимой
В своем пустом особняке.

Ты станешь маркой на конверте
В краю заснеженной хвои,
Где мучит брата брат до смерти,
Слова цитируя твои.

Не возвращайся, Горький, с Капри, –
Возьми платок, протри глаза!
Бежит в усы за каплей капля
Твоя горючая слеза...

1988

Остров Вайгач

О доме не горюй, о женщинах не плачь
И песню позабытую не пой.
Мы встретимся с тобой на острове Вайгач
Меж старою и Новою Землей.

Здесь в час, когда в полет уходят летуны
И стелются упряжки по земле,
Я медную руду копаю для страны,
Чтоб жили все в уюте и тепле.

То звезды надо мной, то солнца красный мяч,
И жизнь моя, как остров, коротка.
Мы встретимся с тобой на острове Вайгач,
Где виден материк издалека.
Мы встретимся с тобой на острове Вайгач,
Где долгие кончаются срока.

Забудь про полосу удач и неудач
И письма бесполезные не шли.
Мы встретимся с тобой на острове Вайгач,
Где держит непогода корабли.

О доме не горюй, о женщинах не плачь
И песню позабытую не пой.
Мы встретимся с тобой на острове Вайгач
Меж старою и Новою Землей.

1972,
о. Вайгач, стоянка судов перегонного
рейса Архангельск – Николаевск-на-Амуре

На материк

"...Написана как стилизация песен зэков, – в свое время они меня за нее чуть   было не убили, потому что решили, что я присвоил себе их песню... Блатные песни   я   не любил и не люблю, ибо я против романтизации блатного мира в   принципе.Не случайно блатари всегда были у лагерной охраны за понятых и палачей для политических заключенных. А вот что касается лагерных песен, то к ним я отношусь очень серьезно и считаю их предметом серьезного исследования для историков и литературоведов. Это великие песни   страдающего и угнетенного народа, страшные обвинительные документы эпохи".

От злой тоски не матерись –
Сегодня ты без спирта пьян.
На материк, на материк,
Идет последний караван.

Опять пурга, опять зима
Пришла, метелями звеня.
Уйти в бега, сойти с ума
Теперь уж поздно для меня.

Здесь невеселые дела,
Здесь дышат горы горячо.
А память давняя легла
Зеленой тушью на плечо.

Я до весны, до корабля
Не доживу когда-нибудь.
Не пухом будет мне земля,
А камнем ляжет мне на грудь.

От злой тоски не матерись, –
Сегодня ты без спирта пьян.
На материк, на материк,
Ушел последний караван.

1960

Не вернуться (Острова в океане)

С края суши зовут города
И мигают в ночи маяками.
Погляди над волнами туда,
Где сплетается дым с облаками.
К горизонту уходят суда,
За кормой чайки серые вьются
Не вернутся сюда, не вернутся сюда,
Не вернутся сюда, не вернутся.

Нас тугие качают ветра
И весенняя греет погода,
Только осени нашей пора
Не зависит от времени года.
Над тобою шуршит листопад,
А за окнами слякоть и дождь все...
Не вернешься назад, не вернешься назад,
Не вернешься назад, не вернешься.

Не приводит обратно нас путь,
Все на свете устроено сложно.
Можно судно назад повернуть,
А часы повернуть невозможно.
Ты смотри, рулевой, на закат,
А не в компаса светлое блюдце.
Не вернуться назад, не вернуться назад,
Не вернуться назад, не вернуться.

К краю суши подходит вода
И кипит, разбиваясь о камень.
Погляди над волнами туда,
Где сплетается дым с облаками.
К горизонту уходят суда,
За кормой чайки серые вьются...
Не вернутся сюда, не вернутся сюда,
Не вернутся сюда, не вернутся.

1977

Новодевичий монастырь

Снова рябь на воде и сентябрь на дворе.
Я брожу в Новодевичьем монастыре,
Где невесты-березы, склоняясь ко рву,
Словно девичьи слезы, роняют листву.

Здесь все те, кто был признан в народе, лежат.
Здесь меж смертью и жизнью проходит межа.
И кричит одинокая птица, кружа,
И влюбленных гоняют с могил сторожа.

У нарядных могил обихоженный вид.
Здесь и тот, кто убил, рядом с тем, кто убит.
Им легко в этом месте — ведь и тот и другой
Жизни отдали вместе идее одной.

Дым плывет, невесом. Тишина, тишина...
Осеняет их сон кружевная стена.
И металлом на мраморе — их имена,
Чтобы знала, кого потеряла, страна.

А в полях под Москвой, а в полях под Орлом,
Порыжевшей травой, через лес напролом,
Вдоль проложенных трасс на реке Колыме
Ходит ветер, пространство готовя к зиме.

Зарастают окопы колючим кустом.
Не поймешь, кто закопан на месте пустом:
Без имен их земля спеленала, темна,
И не знает, кого потеряла, страна.

Я люблю по холодной осенней поре
Побродить в Новодевичьем монастыре.
День приходит, лилов, и уходит назад,
Тусклый свет куполов повернув на закат...

Не хочу под плитой именною лежать, —
Мне б водою речной за стеною бежать,
Мне б песчинкою лечь в монастырь, что вместил
Территорию тех безымянных могил.

1970

Спасибо, что петь разрешили...

Спасибо, что петь разрешили.
Спасибо, спасибо.
Мы все в синяках и ушибах,
Нам петь – не по силам.
Мы все на дороге к погосту,
В долгах и болезнях.
Оставьте свое эпигонство –
Оно бесполезно.

Спасибо, что петь разрешили.
Спасибо, спасибо.
Мы стали седы и плешивы,
И смотрим спесиво.
Поют о другом иноверцы
С других пьедесталов.
Состарился голос, и сердце
Устало, устало.

Спасибо, что петь разрешили.
Спасибо, спасибо.
Мы не были непогрешимы,
Но благ не просили.
От мест отгремевшего боя,
Где нет обелиска,
Мы песни уносим с собою –
Не близко, не близко.

Спасибо, что петь разрешили,
Но – чуточку поздно.
В январской заснеженной шири
Светло и морозно.
Надолго ли нынче на свете
Погода такая?..
А песня кружится, как ветер,
Смолкая, смолкая.

1987

Зимний вальс (Снег)

Тихо по веткам шуршит снегопад,
Сучья трещат на огне.
В эти часы, когда все еще спят,
Что вспоминается мне?
Не-ба далекого просинь,
Давние письма домой...
В царстве чахоточных сосен
Быстро сменяется осень
Долгой полярной зимой.

Снег, снег, снег, снег,
Снег над палаткой кружится...
Вот   и кончается наш краткий ночлег.
Снег, снег, снег, снег...
Тихо на тундру ложится
По берегам замерзающих рек –
Снег, снег, снег.

Над петроградской твоей стороной
Вьется веселый снежок.
Вспыхнет в ресницах звездой озорной,
Ляжет пушинкой у ног.
Тронул задумчивый иней
Кос твоих светлую прядь.
И над бульварами линий,
По-ленинградскому синий,
Вечер спустился опять.

Снег, снег, снег, снег,
Снег за окошком кружится...
Он не коснется твоих сомкнутых век.
Снег, снег, снег, снег...
Что тебе, милая, снится?
Над тишиной замерзающих рек –
Снег, снег, снег.

Долго ли сердце твое сберегу?
Ветер поет на пути.
Через туманы, мороз и пургу
Мне до тебя не дойти.
Вспомни же, если взгрустнется,
Наших стоянок огни.
Вплавь и пешком, как придется,
Песня к тебе доберется
Даже в нелетные дни.

Снег, снег, снег, снег,
Снег над тайгою кружится...
Вьюга заносит следы наших саней.
Снег, снег, снег, снег...
Пусть тебе нынче приснится
Залитый солнцем вокзальный перрон
Завтрашних дней.

Февраль 1958, Ленинград

НОВЕЛЛА МАТВЕЕВА

Братья капитаны

В закатных тучах красные прорывы,
Большая чайка, плаваний сестра,
Из красных волн выхватывает рыбу,
Как головню из красного костра.

Двумя клинками сшиблись два теченья,
Пустился в пляску ящик от сигар,
И, как король в пурпурном облаченье,
При свете топки красен кочегар.

Мы капитаны, братья капитаны,
Мы в океан дорогу протоптали,
Мы дерзким килем море пропороли
И пропололи от подводных трав.

Но кораблям, что следуют за нами,
Придется драться с теми же волнами
И скрежетать от той же самой боли,
О те же скалы ребра ободрав.

На что, на что смышлен веселый лоцман,
Но даже он стирает пот со лба.
Какую глубь еще покажет лот нам?
Какую даль – подзорная труба?

Суровый юнга хмурится тревожно
И апельсин от грубой кожуры
Освобождает так же осторожно,
Как револьвер от грубой кобуры.

Мы капитаны, братья капитаны,
Мы в океан дорогу протоптали,
Но корабли, что следуют за нами,
Не встретят в море нашего следа.

Нам не пристали место или дата,
Мы просто были где-то и когда-то.
Но если мы от цели отступали,
Мы не были нигде и никогда.

Ехал солдат

Ехал солдат лесом,
Ехал целый день.
Ай-ай! Ай-ай-ай!
Ой-ой! Ой-ой-ой!
Ель, сосна-да,
А навстречу бабка,
Глупая, как пень.
Ай-ай! Ай-ай-ай!
Ой-ой! Ой-ой-ой!
Говорит она:

Едешь, солдат лесом,
А твоя жена
Тебе, молодому,
Больше не верна!
Солдат зашатался,
Побелел, как плат:
Ай-ай! Ай-ай-ай!
Ой-ой! Ой-ой-ой! –
Говорит солдат:

Если мне и вправду
Больше не верна
Моя молодая
Верная жена...
С этими словами
Зарядил ружьё –
Ай-ай! Ай-ай-ай!
Ой-ой! Ой-ой-ой!
Я убью её!

Едет солдат полем,
А навстречу дед.
Ай-ай! Ай-ай-ай!
Ой-ой! Ой-ой-ой!
Тын да лен-да

Что сказала бабка –
Тому веры нет!
Ай-ай! Ай-ай-ай!
Ой-ой! Ой-ой-ой!
Произносит он:

Твоя молодая
Верная жена
Тебе, молодому,
Оченно верна!
Солдат засмеялся –
Весел, весел, рад:
Ай-ай! Ай-ай-ай!
Ой-ой! Ой-ой-ой!
Говорит солдат:

Если мне и вправду
Оченно верна
Моя молодая
Верная жена.
Значит я не стану
Убивать её!
Ай-ай! Ай-ай-ай!
Ой-ой! Ой-ой-ой!
Разрядил ружьё.

Так, пока он ехал,
Пока подъезжал,
Заряжал его, разряжал его,
Разряжал его, заряжал его,
Заряжал его, разряжал его...
И как быть – не знал!

За цыганами или Песня на холмах

Конь при дороге траву щипал,
Ночь наступила – и конь пропал...
Если пойдёшь за конём вослед,
Скоро мелькнёт за холмами свет.

Там разместился весёлый стан,
Стан разместился бродяг-цыган.
Там, на холмах, под гитарный звон
Слышались песни былых времён.

Тропка по сумраку чуть вилась...
Издали, издали чудилось:
В таборе том, в старых песнях тех
Не было слов, кроме "ах!" да "эх!".

Что же так тянет меня туда?
Что же так манит на дальний свет?
В сердце ведь нет у цыган стыда,
А рассудить – так и сердца нет!

В тёмных глазах – океана дно,
Вечные звёзды и вечный путь,
А на душе лишь одно, одно:
Как бы последний твой грош стянуть!

Что же так тянет туда меня?
Что же так манит на дальний свет,
Если в цыганских преданиях
Даже и слов настоящих нет?

Или бранят песнопевцев зря?
Зря облагают наветами?
Или приблизиться к ним нельзя
Даже совсем не поэтому?

Нет, не пойду я на дальний свет.
Встану, покину ковыльный рай...
Только, цыганочка, пой мне вслед,
Только позвонче, цыган, играй...

Девушка из харчевни

Любви моей ты боялся зря —
Не так я страшно люблю.
Мне было довольно видеть тебя,
Встречать улыбку твою.

И если ты уходил к другой,
Иль просто был неизвестно где,
Мне было довольно того, что твой
Плащ висел на гвозде.

Когда же, наш мимолетный гость,
Ты умчался, новой судьбы ища,
Мне было довольно того, что гвоздь
Остался после плаща.

Теченье дней, шелестенье лет,
Туман, ветер и дождь.
А в доме события — страшнее нет:
Из стенки вынули гвоздь.

Туман, и ветер, и шум дождя,
Теченье дней, шелестенье лет,
Мне было довольно, что от гвоздя
Остался маленький след.

Когда же и след от гвоздя исчез
Под кистью старого маляра,
Мне было довольно того, что след
Гвоздя был виден вчера.

Любви моей ты боялся зря.
Не так я страшно люблю.
Мне было довольно видеть тебя,
Встречать улыбку твою.

И в теплом ветре ловить опять
То скрипок плач, то литавров медь...
А что я с этого буду иметь,
Того тебе не понять.

Шарманщик

На землю падал снег, и кто-то пел о том,
Как жил да был старик с шарманкой и сурком;
Что он вставал чуть свет и шел за песней вслед.
О том, что на земле шарманок больше нет.

Шарманок, шарманок,
Шарманок больше нет.

Скажите, а зачем шарманка вам нужна?
И хриплая совсем и сиплая, она
Скрежещет, как возок, скрипит, как бурелом,
Как флюгер, как сапог, как дерево с дуплом.

Как дерево, как дерево,
Как дерево с дуплом.

Достойные друзья! Не спорю с вами я;
Старик шарманщик пел не лучше соловья.
Но, тронет рукоять, и... – верьте, что порой
Он был самостоя-
тель-
нее,
чем король.

И счастье и печаль звучали в песне той;
Был тих ее напев старинный и простой...
Не знаю, как мне быть! Нельзя ли как-нибудь
Шарманку обновить? Шарманщика вернуть?

– Шарманщик!
– Эй, шарманщик!
– ...Шарманщика вернуть.

Следы

Ночь напечатала прописью
Чьи-то на глине следы.
Над плоскодонною пропастью
Эхо, как пушечный дым.

Видно, прошел тут и шепотом
Песню пропел пилигрим;
Долго, стреляющим хохотом,
Горы смеялись над ним.

Тут не отделаться дешево,
Как бы ни крался в обход;
На смех подымут прохожего
Чудища, каменный сброд.

Пусть, опасаясь предательства
Отзвуков, путник молчит;
Стук его палки в ругательства
Гулкая ночь обратит.

...Где это море? – вы спросите, –
Где этот пляшущий риф?
Где – без морщинки, без проседи –
Юный зеленый залив?

Где эти заросли тесные
В лунной летучей пыльце?
Звери да птицы чудесные?
Люди с огнем на лице?

1962-1965

Гибкие пальцы упрямые, –
Чаши, цепочки с резьбой?
Эхо! Не путай слова мои!
Я говорю не с тобой.

Но утешенье напрасное –
Только на эхо пенять:
В темное слово и в ясное
Спрятан порыв: не понять!

Слово потом разветвляется,
С ним же ветвится разлад...
Не оттого ль замедляется
Путь между каменных гряд?

Ночь напечатала прописью
Чьи-то на глине следы...
Над плоскодонною пропастью
Эхо, как пушечный дым.

В сумрак, исчерченный змеями,
Русло уходит, ветвясь...
В путь! Между разными звеньями
Рвусь восстанавливать связь.

Адриатика

Волны бегут, белый песок лаская,
Клочья травы всюду с собой таская.
А в глубине тихо лежит морская
Странно большая, очень большая
Раковина.

Вижу ее в солнечную погоду;
Вижу, прилив над ней поднимает синюю воду.
И в глубине – ах, глубина какая! –
Великанья раковина, как росинка маковая,
Кажется мала.

То пропадет, то под водой проглянет.
Море сожмет, море ее растянет,
Но от того ближе она не станет:
Как далека в небе звезда,
Так и она.

Вижу ее в пасмурную погоду;
Вижу, прилив над ней поднимает темную воду.
Кто мне ее, кто же ее достанет?
Водолазил водолаз – водолазу не далась
Раковина.

Водолазил водолаз – водолазу не далась
Раковина.

Цыганка

Развесёлые цыгане по Молдавии гуляли
И в одном селе богатом ворона коня украли.
А ещё они украли молодую молдаванку:
Посадили на полянку, воспитали как цыганку.

Навсегда она пропала под тенью загара!
У неё в руках гитара,гитара, гитара!
Позабыла все, что было, и не видит в том потери.
(Ах, вернись, вернись, вернись! Ну, оглянись, по крайней мере!)

Мыла в речке босы ноги, в пыльный бубен била звонко.
И однажды из берлоги утащила медвежонка,
Посадила на поляну, воспитала как цыгана;
Научила бить баклушки, красть игрушки из кармана.

С той поры про маму, папу забыл медвежонок:
Прижимает к сердцу лапу и просит деньжонок!
Держит шляпу вниз тульёю… Так живут одной семьёю,
Как хорошие соседи, люди, кони и медведи.

По дороге позабыли: кто украл, а кто украден.
И одна попона пыли на коне и конокраде.
Никому из них не страшен никакой недуг, ни хворость…
По ночам поют и пляшут, на костры бросая хворост.

А беглянка добрым людям прохожим ворожит:
Всё, что было, всё, что будет. Расскажет, как может…
Что же с ней, беглянкой, было? Что же с ней, цыганкой, будет?
Всё, что было, – позабыла, всё, что будет, – позабудет.

МИХАИЛ ПОЗДНЯЕВ

Поставим будильник…

Поставим будильник на четверть восьмого, завалимся спать.
И твердь подо мной пошатнется, и время подвинется вспять,
и, точно прикованный цепью к чугунной стреле часовой,
я медленно следом за нею поеду вперед головой.

Поеду по санному следу, по рваной двойной колее,
оставленной жизнью моею на вашей просторной земле;
поеду вдоль отчего дома, где вырос, а следом за тем
вдоль прочих, кирпичных и блочных, вдоль тёмных бревенчатых стен.

Как крылья, захлопают ставни бессчетных окон и дверей,
в окне встанет бледная Анна, в дверях бородатый Андрей,
Алеша в солдатской шинели рукою махнет мне с трудом,
но я уже мимо проеду, минуя детсад и роддом,

и там по годам допотопным, в просторы потянет меня,
где спит занесенная снегом незнамая вовсе родня.

Вот так я и буду по снегу по рваному следу ползти,
как вдруг каменистая пропасть пройдет у меня на пути,
граница меж нынешним веком и веком, заказанным мне;
Два века содвинуты плотно – сомкнуться не могут вполне;

и стрелка свой ход замедляет, петляет и вязнет в снегу,
и перемахнуть эту пропасть я, видно, уже не смогу.
И тут, как заведено в сказках, за миг до прощальной поры,
Илья на железных салазках навстречу мне съедет с горы.

МИХАИЛ ЩЕРБАКОВ

Балтийские волны

Норд-вест, гудки, синева. Крейсер, не то миноносец.
В рубке радист репетирует: точка, тире, запятая...
Девочка машет с берега белой рукою.
Все с борта машут в ответ. Самый красивый не машет.

Жаль, жаль. А вот и не жаль. Очень ей нужен красивый.
Пусть он утонет геройски со всею эскадрою вместе.
Ангелы божьи станут ему улыбаться.
Ей, что ли, плакать тогда? Вот еще, глупости тоже.

Слез, грез, чудес в решете — ей бы теперь не хотелось.
Ей бы хотелось пожалуй что бабочкой быть однодневкой.
День срок не долгий, он бы пройти не замедлил.
Ночь бы навек трепетать сердцу ее запретила...

Но — мчат Амур и Дунай волны к Балтийскому небу.
Норд-вест, гудки, синева, сумасшедшее соло радиста.
Плачь, плачь, о сердце! Ночь миновала бесславно.
День не замедлил прийти — ясный, холодный, враждебный.

1992

Ближе к селенью, там, где река преграждена плотиной,
слух угадает голос жилья, глаз различит огни.
Впрочем, надейся не на чертеж, веры ему не много:
русла менялись, лес выгорал... вникни, промерь, сравни.
Трещина в камне, жук в янтаре – вот для тебя приметы,
брызги, осколки – прежде моей, ныне твоей – родни.

Этих фрагментов не воссоздам – так, прикоснусь, дотронусь.
Слишком знаком мне их обиход, слишком легко творим.
Здесь я когда-то рта не жалел, весь белый свет целуя,
в странном согласье мыслил себя с чем-то лесным, речным.
Словно не только был тростником, но и ладьей, и льдиной.
Словно и вправду этот пейзаж некогда был моим.

Здесь я задуман, здесь прозябал, в небо смотрел – отсюда,
видел, как поздний птичий косяк мчит зимовать в Бомбей.
Здесь, для чего-то вооружась, в чаще плутал звериной,
целил неметко, бил кое-как, делался злей, грубей.
Что ж он не молкнет? – думал в сердцах, слушая крик подранка, –
где, Артемида, стрелы твои? Сжалься над ним, добей.

В этом театре я танцевал. И умирал, танцуя.
Этой равнине быть полагал лучшею из равнин.
Собственно, больше ты, краевед, знать обо мне не должен.
Все остальное – рябь на воде, темная речь руин.
Чаял постичь я этот язык, но до конца ни слова
так и не понял. Будет с меня, дальше пойдешь один.

1992

САМУИЛ МАРШАК

Давно ли цвел зеленый дол

(перевод стихотворения Р.Бернса)

Давно ли цвел зеленый дол,
Лес шелестел листвой,
И каждый лист был свеж и чист
От влаги дождевой.

Где этот летний рай?
Лесная глушь мертва.
Но снова май придет в наш край
И зашумит листва...

Но ни весной, ни в летний зной
С себя я не стряхну
Тяжелый след прошедших лет,
Печаль и седину.

Под старость краток день,
А ночь без сна длинна.
И дважды в год к нам не придет
Счастливая весна.

ЭРИХ СОЛОВЬЁВ

Песня о красном воине Гершензоне

Вечер был, сияли звезды,
На дворе мороз крепчал,
Шёл по улице мальчонка,
Посинел и весь дрожал.

Нет пальто, пиджак короткий,
Воет вьюга, клонит в сон.
Вдруг встречается сиротке
Красный воин Гершензон.

Он подходит к оборванцу:
"Как зовут, который год?"
"Митрофан Полупортянцев,"
– Еле слышно шепчет тот.

Гершензон шинель снимает,
Укрывает паренька,
И в тот час же отправляет
В детколонию ЧК.

Вечер был, луна садилась,
Птицы стыли на лету.
Эта сцена приключилась
В восемнадцатом году.

Вечер был, сияли звезды,
Шёл уже тридцатый год,
Шёл по улице морозной
На дискуссию народ.

При поддержке двух засранцев
Без конца и без начал
Митрофан Полупортянцев
Гершензона обличал.

Мол, по разным по вопросам
Ошибался Гершензон,
И ещё, не вышел носом,
И ещё, курчавый он.

За поджоги он в ответе,
В саботажах виноват...
И вообще, по всей анкете –
Меньшевиствующий гад.

Ветер дул, из зоны в зону
Сквозь контрольные посты
Гнали стадо гершензонов
Где-то возде Воркуты.

Вдруг во тьме сирены взвыли,
Стаду крикнули "Ложись!"
По дороге в тучах пыли
Две машины пронеслись.

В гордой позе самозванца,
На подушках водружён,
Митрофан Полупортянцев
По делам поехал он.

Вечер был промозглый, серый
Листья жёлтые неслись,
Два седых пенсионера
У подъезда обнялись.

Где-то в клубе были танцы,
Где-то в моде был "чарльстон",
"Да..." – сказал Полупортянцев,
"Да..." ответил Гершензон.

Помнишь, брат, как мы сражались,
Обнимала нас гроза,
Как навстречу улыбались
Нашей девушки глаза.

Как в атаку мы ходили,
Как одна нас ела вошь...
Разве ж видела такое
эта сволочь-молодёжь!!!

СОДЕРЖАНИЕ